Two roads diverged in a wood, and I –
I took the one less traveled by,
And that has made all the difference.

Robert Frost

Caminante no hay camino,
se hace camino al andar.

Antonio Machado

JEAN-PIERRE MARTINEZ

Écrire sa vie

La Comédiathèque
comediatheque.net

ISBN : 978-2-37705-464-0

RACINES

Je suis né à Auvers-sur-Oise, au milieu des années cinquante, et dès mon plus jeune âge, je me suis juré de tout faire pour ne pas y passer ma vie, et surtout pour ne pas y mourir. Car on peut facilement mourir d'ennui, à Auvers. Ce n'est pas pour rien si Van Gogh, qui en avait déjà vu d'autres, s'y est donné la mort après avoir peint son dernier tableau, intitulé Racines. C'est comme ça, à part les pissenlits peut-être, on prend difficilement racines dans ce village qui impressionna tant les impressionnistes, mais on s'y suicide beaucoup. Mon propre cousin, qui avait à peu près mon âge, s'y est pendu avant d'avoir atteint la quarantaine. Et un ami d'enfance s'y est tiré une balle dans la tête, à la veille de ses quinze ans.

Auvers est ce qu'on appelle un village-rue, s'étirant sur plus de six kilomètres, coincé entre d'un côté les méandres de l'Oise qui déborde presque chaque hiver, et de l'autre une petite falaise qui menace en permanence de s'effondrer, avec au milieu la route nationale et la voie de chemin de fer. Un bled tellement long qu'il se paie le luxe d'avoir non seulement une gare mais aussi une halte ferroviaire, posées à chacune de ses extrémités, et aussi deux écoles. J'ai vécu les douze premières années de ma vie dans une masure au bord de la route, à deux kilomètres environ de la halte et de l'école de Chaponval et à quatre kilomètres du centre du village, qui n'est donc pas situé en son milieu mais à l'un de ses confins.

Auvers est un trait sur la carte. Sa circonférence n'est nulle part, et son centre presque hors les murs. Deux fois par jour, car à l'époque il n'y avait pas de cantine, je faisais à pied l'aller-retour entre chez moi et l'école. Huit kilomètres quotidiennement. Entre deux prisons, pendant le transfert, j'échafaudais mes premiers plans d'évasion, sans avoir encore les moyens de les mettre à exécution. À quatorze ans, alors que je commençais ma scolarité au collège dans la ville d'à côté, nous déménagions pour nous installer juste en face de cette école que je venais de quitter pour toujours. Une autre prison m'attendait pour de nombreuses années, bien mieux gardée. Et un autre trajet, encore plus long que le précédent.

Poussières d'étoiles

Faire que ma première demeure ne soit pas la dernière. Ce fut mon premier rêve. Et c'est sans doute de là que me vient cette passion pour la conquête spatiale et ma profonde aversion pour toute forme de religion. « Homme, souviens-toi que tu es poussière et que tu retourneras à la poussière » dit la Genèse. Alors efforçons-nous au moins de mordre à la fin une autre poussière que celle qui nous a vu naître. Une poussière d'étoiles, si possible. Après une vie dans la boue, que le berceau de l'Humanité, au moins, ne soit pas aussi son tombeau.

Je suis né dans le lit de mes parents, à l'endroit même où j'avais été conçu. Accoucher à domicile, sans anesthésie bien sûr et avec pour seule assistance le médecin de famille et parfois une voisine, ce n'était pas à l'époque un retour aux sources réservé à quelques bourgeoises en quête de sens à donner à leur pauvre existence. C'était tout simplement la dure réalité de beaucoup de femmes du peuple. Les bourgeoises, elles, accouchaient déjà à l'hôpital. Il est toujours navrant de voir certaines femmes, et certains hommes, considérer comme un acte de liberté le fait de revenir aux servitudes d'antan, mais volontairement cette fois. Désirer la soumission, à la tradition, à la Nature, à un dieu ou à un homme, est-ce vraiment la liberté ?

Je suis né par le siège. En d'autres termes, je suis arrivé au monde en lui montrant mes fesses. Autant dire que pour ma mère, ce ne fut pas la façon la plus facile et la moins douloureuse d'accoucher, encore moins presque seule, chez elle, sans même le soutien d'un mari trop occupé à gagner l'argent du ménage, ou préférant tout simplement s'épargner le spectacle d'une telle boucherie. Oui, les plus infortunées des femmes accouchaient alors dans leur lit. Au besoin, elles avortaient aussi dans leurs propres toilettes. Les faiseuses d'ange ne sortaient pas de la Faculté de Médecine, les toilettes étaient souvent au fond du jardin, et elles ne sentaient pas la rose. J'aurais pu ne pas être le petit dernier. C'est là où il a fini, sans même avoir vu le jour. Je me suis juré de ne pas finir dans ce trou.

AU BORD D'UN LAC FOISONNANT DE POISSONS

De ma première tentative d'écriture, je ne me souviens que de ces quelques mots. J'avais une dizaine d'années, et je rêvais ma vie. Une vie d'écrivain, ou d'écrits vains, peut-être. Dans ce début de roman de trois ou quatre lignes, il était question d'un trappeur solitaire, dans les espaces immenses du Nouveau Monde, qui à la tombée du jour installait son campement... au bord d'un lac foisonnant de poissons. J'avais créé une ébauche de héros, mais j'étais encore incapable d'inventer l'histoire qui lui donnerait vie. Ce personnage, d'ailleurs, était fortement inspiré des illustrés bon marché dans lesquels je me réfugiais alors pour échapper à une réalité peu enthousiasmante.

Loin des albums luxueux de bandes dessinées, ces comics à la française, aujourd'hui disparus, étaient imprimés sur du mauvais papier, et seule la couverture était en couleurs. Avant de pouvoir accéder à la petite puis à la grande littérature, ces illustrés constituèrent pour moi la première porte d'entrée dans cet univers parallèle de la fiction, où j'avais déjà compris que se situait si ce n'est la vraie vie, du moins la seule qui méritait d'être vécue. L'un de mes héros favoris était Blek le Roc, trappeur américain dont je m'inspirai pour créer ce personnage qui, après cette nuit à la belle étoile, ne vit jamais l'aube du jour suivant, puisque ce premier roman fut mort-né. Je rends hommage à ce soldat inconnu de l'histoire de la littérature, disparu prématurément avant même d'avoir pu pêcher dans ce lac... foisonnant de poissons.

Mais pourquoi justement ces quelques mots ancrés dans ma mémoire, comme marquant le début de ma carrière littéraire ? Mon lac, à l'évidence, prend sa source au plus profond de cet imaginaire collectif décrit par Bachelard dans « L'eau et les rêves ». Au matin de mon existence, comme cet embryon de héros que je venais d'engendrer, je me tenais moi aussi au bord de ce lac, comme au bord de la vie, déjà conscient que mes nourritures terrestres étaient enfouies sous la surface d'une eau stagnante et sombre, plutôt qu'à l'air libre dans les champs cultivés. Je suis resté cet enfant rêvant d'un lac foisonnant de poissons, mais retardant le moment de la pêche de peur qu'elle ne soit pas aussi miraculeuse qu'espéré, et que les poissons aient moins bonne allure une fois sortis de l'eau.

Le manteau de Saint Martin

Depuis la sixième jusqu'à la terminale, j'ai fait toutes mes études à Pontoise, dans une école catholique modestement baptisée Saint Martin de France. Il faut dire que cet établissement, dont l'organisation est calquée sur celle des célèbres collèges anglais, est fréquenté depuis environ un siècle par les rejetons de la plus haute bourgeoisie française, ce qui en fait une école très élitiste. Pas forcément pour ce qui est du niveau scolaire de ses élèves, mais en tout cas du point de vue de leur origine sociale. Je ne suis pas Rothschild, vous avez tous entendu cette expression. Et bien moi, un Rothschild, j'en avais un dans ma classe. Un vrai. Pas franchement désagréable, d'ailleurs. Pas vraiment bon élève non plus. Plutôt discret. On croit souvent que les riches nous méprisent. C'est faux. Ce sont les nouveaux riches qui nous prennent de haut. Ceux qui n'ont pas assez d'argent, et pas depuis assez longtemps, pour avoir oublié d'où ils viennent, qui savent qu'au moindre faux pas ils pourraient bien y retourner, et qui en conséquence tiennent à se distinguer de ceux qui sont toujours dans une relative indigence. Les vrais riches, eux, ne méprisent pas les pauvres. Ils les ignorent, tout simplement, n'en connaissant pas le mode d'emploi, sauf à les faire travailler dans l'usine de papa.

Le samedi midi, à l'heure où on nous libérait pour une permission de courte durée, et où je me précipitais vers la gare de Pontoise pour prendre mon train de banlieue, le chauffeur de mon fortuné camarade, une casquette sur la tête, l'attendait en Rolls à la sortie de l'école pour le ramener à Paris. Je rentrais chez moi, dans ce rez-de-chaussée de trois pièces où nous nous entassions à six, les quatre enfants dans la même chambre, chauffés l'hiver par un poêle à bois, sans eau chaude au robinet, sans salle de bains, et avec les toilettes dans la cour. Il rentrait chez lui, je ne sais où, dans un hôtel particulier du seizième arrondissement ou dans un manoir à la campagne. Nous étions dans la même classe, mais nous n'appartenions pas à la même classe. Nous ne vivions pas dans le même monde. En dehors de cette école et de son vaste parc, nos chemins ne se seraient jamais croisés.

Les internes venaient de Paris, ou parfois même de l'étranger. Au mieux, ils ne connaissaient de Pontoise que la gare, où ils prenaient le train qui les ramenait pour le week-end dans les beaux quartiers de Paris. Si j'étais là, avec quelques autres privilégiés de la région, c'était seulement parce que nos parents aussi, en se serrant un peu la ceinture, avaient les moyens de payer pour le moins la demi-pension dans cette école prestigieuse. Mais je n'aurais jamais osé non plus inviter chez moi ces petits bourgeois qui, sans faire partie du Gotha, vivaient néanmoins dans de confortables demeures en accord avec leur statut social de fils de notables. Si en classe je faisais jeu égal avec tous, passé le portail de l'école je redevenais un prolétaire. Mon père m'avait inscrit dans cet établissement, ainsi que mon frère, afin que nous puissions suivre une scolarité très encadrée, qu'il n'aurait pas été lui-même en capacité de superviser, étant pour ainsi dire analphabète. J'aurais dû lui être reconnaissant de me donner la chance de bénéficier de la même éducation que cette élite. Je lui en voulais de la honte que j'éprouvais à ne pas en faire partie. J'étais un passager clandestin sur un paquebot de luxe. Vu comme un nanti par les élèves du lycée public que je croisais aussi à la gare, je me considérais moi-même comme un paria dans l'établissement très chic que j'étais contraint de fréquenter.

Encore aujourd'hui, dans une réception mondaine, j'ai le sentiment que ma vraie place est aux côtés du personnel chargé de passer les petits fours depuis la cuisine, plutôt qu'avec les invités de marque qui s'empiffrent au salon. Je resterai toute ma vie un usurpateur. Je m'appelle Martinez. On m'appelait Martin. Saint Martin est connu pour avoir donné la moitié de son manteau à un pauvre. Après sept ans d'initiation à la charité chrétienne à Saint Martin de France, je ne sais pas ce que mes camarades les plus fortunés ont fait de leur trench-coat Burberry.

ÉPLUCHES

J'ai décroché le bac de justesse, après une scolarité secondaire en dents de scie. En primaire, je n'avais guère de mérite à briller. Même si la plupart vivaient dans des maisons plus confortables et plus salubres que la mienne, mes camarades de classe étaient issus de milieux encore plus défavorisés que moi. Le terme de leurs études était généralement le certif. De toute ma classe, nous ne fûmes que deux à aller en sixième : moi, fils d'immigré espagnol, et le fils de la directrice, d'origine vietnamienne. Lui au collège public, et moi dans une école privée. Paradoxalement, c'était nous, les enfants de l'immigration, qui prenions l'ascenseur social, tandis que les Français de souche se contentaient de l'escalier, en espérant que ce ne soit pas celui qui descend à la cave. Souvent, la difficulté à sortir de sa condition ne tient pas au handicap culturel dont souffriraient les enfants issus d'un milieu modeste, mais au manque d'ambition que leurs parents ont pour eux. Tu seras un ouvrier, mon fils, comme ton père. Ou bien tu seras coiffeuse, comme ta mère. Un vrai métier, tout de suite, et tu commences à ramener de l'argent à la maison. Le reste, ce n'est pas pour nous.

Ceux qui n'allaient pas en sixième allaient apprendre un métier à Épluches, un établissement professionnel situé au milieu des champs de patates, entre Chaponval et Pontoise. Quand mes résultats scolaires étaient vraiment trop désastreux, mon père m'encourageait à sa façon : si tu te fais renvoyer de Saint Martin, je te mets à Épluches. Épluches patates. Ce n'était pas un plan B, c'était une menace de mort sociale. Mon père était un bûcheron espagnol devenu chef d'entreprise. J'aurais préféré mourir que de devenir ouvrier, comme mes petits camarades pourtant bien français. Et pour mon père, cela aurait définitivement fait de moi un raté.

Je dois dire d'ailleurs qu'au cours de ma scolarité, je n'ai jamais souffert d'aucune forme de racisme, comme c'était encore le cas à l'époque pour les « Ritals ». Je n'ai même connaissance d'aucune véritable insulte de ce genre pour qualifier les Espagnols en France. Bien au contraire, pour tous mes instituteurs, j'étais l'exemple à suivre. Regardez, bande de cancres, il s'appelle Martinez et c'est le premier de la classe ! En fait, j'ai toujours été le chouchou. Et mes camarades gaulois ne m'en tenaient même pas rigueur. En entrant en sixième, bien sûr, avec les rejetons de la petite ou grande bourgeoisie locale et les héritiers de l'élite parisienne, il m'a fallu changer de braquet. Au début j'y perdais un peu mon latin. Et puis peu à peu j'ai remonté la pente, après justement avoir abandonné le latin au profit de l'économie. Dommage, j'aimais bien le latin. Ce changement d'orientation me fut néanmoins salutaire. Je brillais en français, et en sciences économiques. De nouveau, je caracolais en tête du peloton, loin devant ces enfants de la haute société que leurs parents destinaient à Sciences Po et à l'ENA. Devant l'héritier de la famille Rothschild que j'avais pour camarade, et qui étrangement ne semblait pas très familier avec le calcul et l'économie. Mais à quoi bon savoir compter quand on n'a pas à compter ?

À l'approche du sommet, le bac, je commençais cependant à fatiguer un peu. J'avais la tête ailleurs. Sept ans de ma vie enfermé comme un animal d'une espèce protégée, dans cette réserve naturelle de trente-cinq hectares qui me servait de prison dorée. Et comme toutes les prisons, bien sûr, celle-là n'était pas mixte. Bref, je voyais mon niveau baisser, mais je restais confiant. Même un élève moyen, après une scolarité dans une école aussi élitiste, ne pouvait que décrocher la mention qui lui épargnerait la honteuse épreuve de rattrapage. Les bonnes notes que j'avais déjà engrangées au bac de français me confortaient dans cette illusion. Je misais tout sur le gros coefficient de l'économie où j'avais encore de beaux restes, et j'oubliais toutes les autres matières.

J'aurais dû me méfier. Le jour de la toute première épreuve du bac, le dessin, je prends le train à la gare de Pontoise après m'être levé aux aurores pour être à huit heures dans un improbable lycée de banlieue afin de composer le chef d'œuvre destiné à me rapporter quelques points de bonus. Pas de chance, le train dans lequel je monte est un direct pour Paris. Je me retrouve à la Gare Saint-Lazare. Le temps de trouver un autre train pour revenir en arrière, l'épreuve a déjà commencé depuis plus d'une heure. On m'accepte malgré tout dans la salle. Il me reste encore une heure pour dessiner les quelques fruits disposés devant nous sur une table. Je me souviens alors que je ne sais absolument pas dessiner, ayant à tort considéré pendant toutes ces années les cours d'arts plastiques comme un prolongement de la récréation. Je rends ma copie au bout d'une demi-heure. Tant pis pour le bonus. Je n'ai pas besoin de ces quelques misérables points pour obtenir la mention qui m'est due.

Le bac arrive. Les résultats de l'écrit tombent, et patatras. Trois en philo. Un petit treize en sciences économiques. Pas de quoi compenser ma médiocrité dans toutes les autres matières. Au final, je m'en tire quand même avec une mention assez bien, après un oral catastrophique. Au moins cette fois, j'ai pris le bon train. Et je n'aurai pas à descendre à Épluches. Toute honte bue, j'ai le bac, malgré tout. La clef d'entrée à l'université. Après sept ans dans le privé, enfin le public ! La libération…

La vie de château

Avec mon pauvre bac mention assez bien, je ne pouvais pas prétendre intégrer Sciences Po. Mes parents, de toute façon, ne m'auraient jamais payé une chambre à Paris, et après avoir passé toute mon adolescence dans une école catholique, j'avais envie de liberté. Je rêvais d'être à ma place, de fréquenter des gens normaux, c'est-à-dire des étudiants appartenant à la même classe sociale que moi, ni des prolétaires, ni des grands bourgeois.

À Villetaneuse, dans cette fac de la banlieue nord qui m'était assignée en fonction de mon lieu de résidence, je ne risquais pas de revoir mes anciens camarades de Saint Martin. Et selon toute probabilité, les enfants d'ouvriers, eux, pointaient déjà à l'usine. Je pensais retrouver là les élèves du lycée, avec qui j'espérais nouer des relations normales, entre fils, et aussi filles enfin, de Français moyens. Mais étais-je encore moi-même un Français moyen ? L'avais-je vraiment été ? Le serais-je jamais ?

À quatorze ans, j'avais donc quitté le taudis où j'étais né et où j'avais grandi, avec mon frère et mes deux sœurs. Après un projet de construction avorté à Montlignon, qui quelques années plus tard m'aurait permis d'aller presqu'à pied à la fac de Villetaneuse, ou en une demi-heure de train et de métro à la Sorbonne, nous habitions désormais une immense maison, toujours à Auvers, mais deux kilomètres plus loin, encore plus isolée que la première. Une demeure bourgeoise, entourée d'un parc de deux hectares, que mon père avait fait construire par un vieux maçon à la retraite, en nous mettant à contribution, nous les garçons, quand nous n'étions pas à l'école, pour pousser les brouettes de béton que ce vieil homme n'était plus en capacité de déplacer.

À vrai dire cette maison, pendant les deux ou trois premières années, nous n'en occupions que le sous-sol, les étages d'habitation restant encore en chantier. J'avais quitté une masure où je devais partager un lit à deux places avec mon frère dans la même chambre que mes deux sœurs, je me retrouvais dans ce même lit, toujours avec mon frère, dans une chambre cette fois sans fenêtre, au sous-sol d'une gentilhommière en construction. Au moins, maintenant, nous avions accès à une douche, et à des toilettes dignes de ce nom.

En matière d'eau courante, d'ailleurs, nous ne risquions plus de manquer. Bâtie en contrebas de la route à une centaine de mètres de l'Oise, contre l'avis du maçon lui-même, la maison fut inondée avant même la fin des travaux. Un mètre quatre-vingt d'eau au rez-de-chaussée. Mon frère et moi avions bricolé un radeau pour explorer notre nouveau chez-nous. Quand on est enfant, on s'amuse de tout, même du pire. Mais chaque hiver après cela, nous vivions dans la crainte d'une nouvelle inondation qui nous laisserait à nouveau sans chauffage et parfois sans électricité.

Finalement, à l'âge de seize ans, j'avais ma propre chambre, à l'étage et plus ou moins à l'abri des caprices de la rivière. Je n'avais d'ailleurs que l'embarras du choix pour la chambre, puisqu'entre-temps mes deux sœurs avaient quitté la maison après s'être mariées à la hâte pour fuir cet enfer familial. Mon frère était sur le point de partir aussi. Je vivais donc désormais seul avec mes parents dans ce « château » enfin achevé et doté de toutes les commodités, mais à présent déserté. En ne rêvant que de pouvoir partir à mon tour.

Il y a bien un château, à Auvers, un vrai, celui-là et j'aurai connu à la fois le fils du châtelain de l'époque, qui était un camarade de classe à Saint Martin, et le fils du gardien, un « rital », déjà déscolarisé et un peu dealer, avec qui je fumais mes premiers joints pendant mes brefs moments de liberté non surveillée. C'est l'histoire de ma vie. Je n'ai jamais su où était ma place, au château, avec les héritiers, ou à l'office avec les domestiques. Et ni les uns ni les autres ne m'auront jamais considéré comme l'un des leurs.

MA PREMIÈRE FOIS

L'été du bac, mon père, sans me demander mon avis et sans juger utile de me prévenir à l'avance, m'avait trouvé un job pour le mois de juillet dans l'agence bancaire où était domicilié son compte et celui de son entreprise, à la Société Générale de Pontoise. Il faut croire qu'il avait un certain crédit auprès du directeur, car je n'avais même pas eu à passer un simulacre d'entretien d'embauche, alors que je n'avais à l'évidence aucune des compétences requises et encore moins de dispositions naturelles pour un travail d'employé de banque. Plus généralement, j'ignorais tout de ce monde fantastique de la vie de bureau.

Je vécus donc cet inévitable rite de passage, de l'enfance et son argent de poche à l'âge adulte du salariat, comme une épreuve à la fois nécessaire et douloureuse, pour ainsi dire comme un dépucelage. La première fois, on se doute que faute d'expérience préalable, ça ne va pas être aussi agréable qu'on l'avait fantasmé, mais on espère que par la suite, comme pour tous les autres, ça glissera mieux, qu'on y prendra goût et qu'on y trouvera même quelques satisfactions. Au pire, à défaut de véritable plaisir, on se contentera de l'argent qu'on voudra bien nous donner en échange de la mise à disposition de notre propre personne auprès du grand capital, pour son plus grand profit et sa pleine jouissance.

Provisoirement, je quittais l'univers rassurant de la scolarité, et je pénétrais dans ce monde inconnu du travail rémunéré. Pour ce déniaisement, on m'avait prudemment affecté au service de la compensation, sans doute afin d'éviter tout contact potentiellement catastrophique avec la clientèle. Chaque jour des clients, justement, déposent à la Société Générale des chèques d'autres banques, et chaque jour dans d'autres banques, on dépose des chèques de la Société Générale. Pour faire l'économie de mouvements de fonds superflus, ce service a pour mission de compta-biliser tous ces chèques afin de procéder à leur annu-lation, jusqu'à hauteur du solde, qui seul fera l'objet d'un transfert. Concrètement, cela consistait pour les employés de la compensation à additionner à la main, banque par banque, à l'aide d'une simple calculette, les milliers de chèques déposés la veille à l'agence, afin de tomber sur le chiffre exact qui ferait l'unani-mité.

J'ai toujours eu du mal à faire une addition de plus de cinq lignes sans me tromper, alors imaginez un peu la probabilité pour moi de tomber sur le bon résultat après avoir additionné pendant plus d'une heure des milliers de chiffres comportant tous des centimes après la virgule. En un mois, je ne pense pas avoir trouvé une seule fois le bon numéro du premier coup. Il fallait qu'un autre employé, un vrai celui-là, passe derrière moi pour refaire mes additions afin de tomber juste. Un travail dont il s'acquittait en vingt minutes, tout en continuant à bavarder avec ses collègues, quand j'y passais presque la matinée pour n'arriver à rien. J'en faisais des cauchemars, en reprenant chaque nuit encore et encore ces interminables additions, tout en me demandant avec angoisse où pouvait bien se cacher l'erreur fatale rendant tout mon travail inutilisable, et faisant de moi un inutile.

Ma chef de bureau, d'ailleurs, ne prenait guère de gants pour me signifier à quel point j'étais un employé pathétique, considérant à juste titre que ma présence dans ce bureau n'était dû qu'au piston dont j'avais bénéficié en tant que rejeton d'un gros client de l'agence. Tu seras un salarié, mon fils. Cette épreuve initiatique fut particulièrement pénible pour moi, et ma vie durant, je garderai une profonde aversion pour ce travail de bureau, auquel ma scolarité passée et mes futures études semblaient me destiner.

J'en aurais presque regretté de ne pas avoir choisi d'être un ouvrier. Au moins, quand on travaille de ses mains pour accomplir une tâche simple, comme couper du bois par exemple, on peut parfois penser à autre chose. Quand je ne travaillais pas à la Société Générale, en effet, le week-end ou pendant les vacances scolaires, mon père nous tirait du lit mon frère et moi, à cinq heures du matin, été comme hiver, pour aller travailler en forêt à trente ou cinquante kilomètres de la maison, après avoir fait le trajet avec les autres bûcherons espagnols ou yougoslaves à l'arrière d'une camionnette bâchée. Au moins, on était au grand air, et tout en brûlant des branches ou en empilant des rondins, je pouvais laisser mon esprit vagabonder.

Mais je ne me voyais pas non plus finir ma vie en homme des bois, surtout avec mon père comme patron. Je commençais à m'inquiéter sérieusement pour mon avenir professionnel. Alors quoi ? Gratte-papier dans un bureau ou forçat en usine ? Kafka ou Zola ? Et si j'étais un bon à rien tout simplement, comme me le répétait si pertinemment mon père à longueur de journée, sans doute pour me donner du cœur à l'ouvrage ?

LE MOUVEMENT ANTI-AUTRUCHES

En débarquant sur la dalle de la fac de Villetaneuse en octobre 1974, après sept ans passés dans le parc verdoyant de l'École Saint Martin à Pontoise, je passe brutalement du ghetto réservé aux quelques héritiers du Gotha, à celui assigné à la trop nombreuse progéniture du prolétariat de banlieue. La démocratisation des études supérieures, à l'époque en tout cas, cela veut surtout dire qu'une poignée de privilégiés continueront à préempter les rares places qui leur sont réservées dans les établissements les plus prestigieux comme Sciences Po, tandis que le reste du troupeau s'entassera à plus de mille dans des amphis prévus pour cinq cents, et à cinquante dans des classes de travaux dirigés prévues pour trente. Les premiers obtiendront au final le sésame qui leur permettra d'entrer par la grande porte dans leur vie professionnelle de cadres supérieurs, les autres se verront gratifiés en lot de consolation d'un diplôme sans valeur sur le marché du travail, qui au mieux les condamnera à postuler pour des emplois de bureau auxquels ils auraient pu prétendre avec le bac, ou à préparer d'obscurs concours administratifs dans l'espoir de devenir un jour de petits fonctionnaires.

La désespérance finissant toujours par nourrir la révolte, Paris XIII était sous la coupe d'une poignée d'étudiants d'extrême-gauche ayant décrété que, si c'était pour avoir un diplôme qui ne valait rien, autant l'obtenir sans rien faire. Mes études à Villetaneuse se résumèrent donc à une interminable succession de grèves, s'achevant régulièrement chaque année par des examens de pure forme, suivis d'une promotion automatique à l'ancienneté. Heureusement, ces longues périodes d'inactivité étaient parfois agrémentées par des concerts dans nos amphis transformés en salles de spectacle par une bande de joyeux anars, fondateurs du bien nommé Mouvement Anti-Autruches. Pendant ces quatre années, je n'appris à peu près rien en économie, mais je découvrais Jacques Higelin, Bernard Lavilliers, Téléphone ou encore le West African Cosmos, qui donnaient là leurs premiers concerts, à la place où auraient dû se produire mes professeurs de sciences politiques ou de droit des affaires. Et puisque le destin ne semblait pas disposé à faire de moi un économiste, je décidai de devenir rocker moi aussi.

Pour jouer de la batterie, il faut d'abord et avant tout… avoir une batterie. Avec l'argent de mon premier job d'été, j'en achète une d'occasion. Il ne me reste plus qu'à apprendre comment m'en servir. Sur la recommandation d'un ami, je me retrouve en cours particulier à Enghien-les-Bains avec le batteur du Dharma, l'un des meilleurs groupes de jazz expérimental du moment. C'est un peu comme si, n'ayant jamais touché un volant, pour passer le permis B afin de conduire une vieille deux-chevaux et partir en vacances, vous aviez comme moniteur d'auto-école un champion du monde de Formule 1.

Le type est adorable. Comprenant vite qu'en commençant la batterie en dilettante à plus de vingt ans, je ne deviendrai jamais le nouveau Billy Cobham, et que ce n'est d'ailleurs pas mon intention, il accepte néanmoins de m'enseigner les rudiments de l'accompagnement rock. Avec ces quelques bases rythmiques, je décide de ne pas lui faire perdre davantage son temps et d'économiser mon argent. J'arrête les cours et je commence à m'exercer tout seul. Deux de mes voisins jouent de la guitare. Le bassiste, Marc, a tout juste seize ans, cinq de moins que moi. C'est le fils du sculpteur Georges Jeanclos, qui deviendra célèbre par la suite. Ce sera mon premier groupe : Les Rebelles.

Notre première apparition en public est pour la soirée de fin d'année du lycée, à la salle des fêtes de Saint-Ouen l'Aumône. Nous ne devions jouer qu'un morceau avant la remise des prix, mais le leader du groupe refuse de quitter la scène et, prétextant des rappels plus ou moins imaginaires, enchaîne sur trois ou quatre chansons de plus, sous le regard courroucé de la direction. Entre reprise des Beatles et compositions assez mièvres de notre chanteur, nous animons quelques soirées dansantes, avec un succès mitigé. Avec Marc, nous décidons de nous séparer de ce chanteur de variétés, et nous reformons un groupe avec des Camerounais que j'ai rencontrés à la fac. Ce groupe s'appellera Mami Wata.

Le guitariste est un véritable virtuose et joue du Hendrix comme personne. Nous triomphons le temps de quelques concerts dans les salles des fêtes et autres maisons de jeunes de la région. Mais ce guitare héros s'avère vraiment trop incontrôlable. On n'est jamais sûr qu'il viendra le jour dit, qu'il sera en état de jouer, ou qu'il ne lui manquera pas une corde de rechange pour sa guitare au cas où il en casserait une en jouant avec ses dents. Toujours avec le bassiste, nous reformons un groupe autour d'un pianiste qui composera tous nos morceaux façon jazz rock. Sur ma proposition, le groupe s'appellera modestement Expérience, hommage à Jimi Hendrix, mon idole.

Encore plusieurs concerts d'assez bonne tenue, et notre carrière s'achèvera sur une déception. Nous devons jouer dans le cadre d'un festival en plein air à Pontoise, et nous sommes programmés juste avant la vedette, Valérie Lagrange, qui pour la journée met tout le matériel de son groupe à la disposition des premières parties. Mais le retard s'accumule. Valérie Lagrange, qui ne veut sans doute pas se coucher trop tard, nous annonce que pour jouer à l'heure prévue, elle passera avant nous… et qu'elle remballera son matos après pour rentrer à Paris avec ses deux camions et sa vingtaine de roadies. Ironie de l'histoire, ce sera elle qui fera notre première partie. Nous comptions beaucoup sur cette énorme sono pour faire une prestation exceptionnelle, et nous devons nous contenter maintenant de nos propres amplis, pas du tout prévus pour un concert en plein air, devant un public clairsemé après le départ de la star de la soirée. Pas même de retours. On ne s'entend pas, et on a bien du mal à jouer en rythme. Pour le groupe déjà au bord de l'explosion, ce sera le coup de grâce. De toute façon, je dois partir à l'armée…

Une fin amère, donc. Entre-temps, le groupe de la région avec lequel nous partagions la vedette, les Blessed Virgins, davantage dans l'air du temps, est parti enregistrer son premier album à Londres. Je ne serai jamais une star du rock. Mais pour moi, cette expérience sera sans doute la plus intense de ma vie. Pendant toute cette période, nous répétions dans une incroyable maison à Auvers-sur-Oise, chez Rosine Luguet, dont la fille Adélaïde était une camarade d'école de notre bassiste. Le père d'Adélaïde, D'Dée, légendaire danseur du Tabou à Saint-Germain-des-Prés, était remarié avec Ursula Vian-Kübler, la veuve de Boris, ce qui plus tard me donnera l'occasion de voir l'endroit où avait vécu Vian, Cité Véron, à Pigalle.

Rosine était elle-même la fille d'André Luguet, une vedette de théâtre et de cinéma de la première partie du vingtième siècle. La maison de Rosine, c'était un peu *la Maison bleue* de Maxime Le Forestier. Elle en avait jeté la clef, et on pouvait y débarquer sans prévenir à toute heure du jour et de la nuit pour y manger, y boire, ou y dormir. On pouvait surtout y fumer tout ce qui pouvait se fumer à l'époque, et qui souvent poussait directement dans le jardin. Rosine avait été comédienne, elle aussi. Notamment dans la Troupe des Branquignoles. Elle mettait gracieusement une pièce de sa maison à la disposition des membres du groupe West African Cosmos, pour qu'ils puissent y répéter, et après leur départ vers de nouvelles aventures, nous nous apprêtions à prendre le relais.

En arrivant chez Rosine, c'est peu dire qu'on avait l'impression d'être ailleurs. On n'avait guère l'occasion de croiser des Africains, à l'époque, à Auvers-sur-Oise. De la salle de répétition s'échappaient des sonorités et des rythmes inconnus, accompagnant des chants scandés dans une langue dont nous ignorions jusqu'au nom. On retrouvait ensuite les membres du groupe rassemblés autour d'un plat africain, dans lequel ils puisaient directement avec leurs mains immenses. Pendant quelques heures, pour une nuit ou pour un week-end, j'étais le hippy que je rêvais d'être, avant de rentrer sagement chez moi retrouver ma vie de petit bourgeois étudiant. Tous mes camarades d'alors, moins prudents, n'auront pas survécu à cet excès de liberté, qui les conduisit pour certains vers ces drogues dures qui font des paradis artificiels un enfer bien réel.

J'eus la chance pour ma part d'échapper à au moins deux perquisitions de la brigade des stups. L'une en ma présence dans la maison de Rosine où, par miracle, les flics ne trouvèrent même pas un mégot de joint dans un cendrier, alors que quelques semaines auparavant, c'était une grosse botte d'herbe du jardin qui séchait dans la salle de répétition. L'autre dans l'appartement d'un camarade dealer chez qui la veille au soir je fumais de l'opium et où la police cette fois tomba sur le gros lot. Il a fini en prison. Si j'avais subi le même sort, mon père ne me l'aurait jamais pardonné, et les conséquences pour moi et pour mon avenir auraient été bien plus terribles que les seules suites judiciaires.

Toute ma vie j'aurai beaucoup joué avec le feu, sans jamais me brûler. J'aurai eu la chance de ne jamais être au mauvais endroit au mauvais moment. Et j'aurai parfois forcé la chance pour être au bon endroit au bon moment. Il faut croire qu'un ange veillait sur moi en attendant que je puisse le rencontrer plus tard. Quoi qu'il en soit, pour moi, c'était la fin de cette merveilleuse parenthèse musicale. Après un dernier casting raté à Hérouville dans la Bergerie de Jacques Higelin, dont l'un des musiciens cherchait en urgence un batteur pour un concert ayant lieu de lendemain, je revendais ma batterie. L'armée, à laquelle je n'avais pas réussi à échapper, allait d'une certaine façon me remettre dans le droit chemin…

LES TROIS JOURS

J'ai vingt-trois ans et, ma maîtrise de Sciences Économiques largement usurpée en poche, je suis arrivé au bout de mon sursis. Oui, le service militaire, c'est pire que la prison, même quand on a obtenu un sursis, il faudra quand même purger sa peine un jour ou l'autre. Je reçois donc ma convocation pour ce qu'on appelait alors les trois jours, qui se résumaient en réalité à une journée. Pour moi, c'est au Fort de Vincennes. Par un hasard extraordinaire, mon tout nouveau beau-frère, qui vient d'achever ses études de dentiste, effectue au même moment son service et, en tant que membre du corps médical, on l'a affecté à l'examen des jeunes recrues convoquées à Vincennes afin qu'on statue sur leur aptitude à devenir de bons petits soldats. Il me rassure. En tant que dentiste, il ne peut pas directement décréter mon inaptitude, mais tous les autres jeunes médecins affectés au conseil de réforme, appelés comme lui, sont des copains. Sous un prétexte ou un autre, je serai réformé, cela ne fait aucun doute.

Tous mes amis de l'époque, d'ailleurs, ont déjà été déclarés inaptes. Généralement, ils se présentaient aux trois jours en loques, après plusieurs nuits blanches, sous LSD, en se déclarant fous, homosexuels et suicidaires. L'armée a une sainte horreur de ce qu'elle ne connaît pas, et elle déteste les complications. Mater les fortes têtes, oui, elle sait faire. C'est même son métier. Sa mission. Materner les tarés, les drogués et les pédés, non. Elle ne sait pas comment s'y prendre avec ces marginaux, et elle craint par trop la contamination. Quand on ne voulait vraiment pas faire son service militaire, et qu'on était déterminé à le montrer, on était réformé. Mais je ne me vois pas jouer, ne serait-ce qu'une journée, ce rôle d'asocial, qui suppose une perte totale de contrôle de soi et une confrontation directe avec le pouvoir, en l'occurrence celui de l'État. Je ne suis pas rebelle à ce point.

Toute ma vie, jusque là, j'ai dû composer avec l'autorité, celle de mes parents, celle de mes maîtres, celle de mes patrons, en évitant toute opposition frontale qui aurait immédiatement causé ma perte. Rouler sagement sur des routes de campagne avec de faux papiers, à la rigueur. Rouler sans permis, à fond la caisse et complètement bourré, sur l'autoroute, c'est au-dessus de mes forces. C'est pourquoi la voie de réforme presque légale proposée par mon beauf me convient parfaitement. Mais à quelques jours de ma convocation, c'est la douche froide. Le conseil de réforme est devenu un vrai bazar. Les jeunes appelés médecins y réforment à tour de bras, en échange de petits ou gros cadeaux et parfois même pour de l'argent. Des enquêtes sont en cours et la reprise en main a déjà commencé. Il n'est plus question pour moi d'obtenir une dispense à bon compte.

Pour passer malgré tout entre les mailles du filet, il ne me reste plus qu'à m'inventer une vraie fausse tare. Mon beau-frère me suggère l'épilepsie. Épileptique un jour, épileptique toujours. Il suffit de pouvoir prouver qu'on a déjà eu une crise, pour être déclaré épileptique, et donc inapte. Mon beauf est prêt à me faire une fausse ordonnance attestant de cette première crise imaginaire. Mais j'hésite. Être ou ne pas être épileptique ? Épileptique, en somme, c'est un peu comme comédien. Il suffit de se prétendre tel pour être ainsi catalogué, mais à l'inverse, si vous décidez un jour de renoncer à ce statut, il sera très difficile de convaincre les autres que vous êtes finalement sain de corps et d'esprit, et vous risquez d'être considéré à jamais comme un bon à rien.

Ma vie ne faisait que commencer. J'envisageais d'être professeur. De passer des concours. Pourquoi pas d'être diplomate. Réformé et épileptique… J'allais traîner toute ma vie cette marque d'infamie. Pire, et si, ayant déclaré être épileptique, je le devenais vraiment ? Et puis quelque chose en moi, sans doute, rechignait à la réforme. Au bout du compte, j'aurai toujours été un légaliste, pas un révolutionnaire. Un râleur, plus qu'un véritable rebelle. Tricher, oui. Remettre en cause la règle du jeu, tout de même pas. Affronter les épreuves pour en sortir plus fort m'aura toujours semblé préférable à l'esquive. Je décidai d'affronter celle-ci. Le service militaire, paraît-il, faisait de vous un homme. Et si c'était vrai ?

La Foire aux Haricots

Je suis appelé sous les drapeaux le premier août. J'ai pris quelques vacances en juillet afin de m'évader un peu avant cette année d'incarcération, mais je ne connais toujours pas le lieu de ma détention. Sur la route du retour, j'appelle ma mère. Elle ouvre le courrier fatidique qui vient d'arriver à la maison. Arpajon, m'annonce-t-elle. Je n'ai aucune idée de l'endroit où ça se trouve. Sur la Côte d'Azur ? En Alsace ? Dans la banlieue parisienne ? À la fac, un camarade communiste qui a des amis, si ce n'est haut du moins bien placés, m'a promis d'intervenir en ma faveur pour que je ne sois pas affecté trop loin de chez moi, ce qui me permettrait de revenir plus souvent en permission, voire de rentrer chez moi tous les soirs. À l'époque, internet n'existe pas. Les téléphones portables non plus. On a bien une carte de France dans la voiture, mais allez trouver Arpajon sur une carte quand vous ne savez même pas dans quelle région chercher.

J'interroge un pompiste. Tout ce qu'il connaît d'Arpajon, c'est sa célèbre Foire aux Haricots. Ça ne m'avance pas beaucoup. Il y a des haricots partout. D'après lui, ce serait plutôt au sud de Paris. Il a raison, je finis par localiser Arpajon, où je suis condamné à passer, pour ne pas dire à perdre, une année de ma vie. En réalité, je ne verrai d'Arpajon que sa gare et sa caserne, perdue au fond des bois, et je ne mettrai jamais les pieds au centre ville d'Arpajon. Encore moins à la Foire aux Haricots.

La classe du mois d'août est celle des étudiants, qui commencent leur service militaire en fin d'année scolaire et au bout de leur sursis. Mais pas n'importe quels étudiants non plus. Les plus motivés, en effet, se voient proposer avec insistance avant leur incorporation une préparation militaire, qui leur permettra d'être appelés en tant qu'aspirants officiers. Les simples bidasses de la classe du mois d'août sont ceux qui ne sont pas assez rebelles pour s'être fait réformer, mais pas assez dociles pour avoir accepté de collaborer en se portant volontaires pour être aspirants. On a donc tous autour de vingt-trois ans. Certains beaucoup plus. Plusieurs sont mariés, voire ont déjà des enfants. Presque tous sont de la région parisienne, ils ont été affectés près de chez eux par piston, et ils ont un niveau bac plus quatre, cinq ou six. Pas vraiment le profil des cinq autres classes de jeunes appelés non sursitaires, provinciaux, campagnards et souvent paysans, tout juste majeurs, et dans le meilleur des cas diplômés du certificat d'études. Sans parler d'une minorité tout simplement analphabète. Bref, de quoi dérouter un peu les quelques sous-offs chargés de nous encadrer, parfois plus jeunes que nous, n'ayant fait aucune étude, et issus de milieux beaucoup moins favorisés.

Le doyen de notre groupe a plus de trente ans. Chauve et passablement enrobé, il en paraît cinquante. D'études en mariage, et de mariage en pouponnage, il est sans doute le recordman de France du sursis. Personne ne sait par quel miracle il a pu échapper aussi longtemps à la conscription. Pour couronner le tout, il est journaliste à *L'Humanité*. Par principe, car le communiste n'est jamais anti-militariste, il n'a rien fait de lui-même pour se faire réformer, attendant que l'armée prenne l'initiative de le renvoyer chez lui, ce qu'elle finira par faire au bout de quelques mois. En effet, cet intellectuel de gauche à l'allure bonhomme, raisonneur sans être franchement contestataire et encore moins anarchiste, est le pire des clients pour un sergent et pour sa hiérarchie. Le déserteur qui oublie de rentrer de permission, les gendarmes vont le chercher et le ramènent à la caserne où il est mis aux arrêts, ce qui prolongera d'autant son temps de service. Notre camarade, lui, ne conteste rien, mais demande poliment des explications sur tout, feignant de s'intéresser. Explications que ses petits chefs ont bien sûr beaucoup de mal à lui fournir. Parfois même, il va jusqu'à suggérer et proposer… Rien de franchement répréhensible, mais de quoi plonger dans le plus profond désarroi un sous-off à qui on a seulement appris à aboyer.

Chaque matin, nous sommes tous rassemblés dans la cour pour la levée du drapeau. Après quoi, à l'appel de notre nom, nous sortons des rangs un à un pour recevoir notre courrier. Lui est abonné à *L'Humanité*, que le sergent est donc contraint de lui remettre en main propre tous les jours devant l'ensemble du peloton au garde-à-vous, mais hilare. La levée du drapeau, c'est un peu la messe, à l'armée. Et notre camarade reçoit son exemplaire de *L'Huma* comme si c'était le Saint Sacrement. Les gradés ont vaguement conscience que ce rituel quotidien a quelque chose d'un peu décalé, voire qu'on se fout ouvertement de leurs gueules, mais ils ne savent pas comment gérer ce problème inédit sans risquer de se mettre en défaut. Le militaire, s'il est très à cheval sur le règlement, craint par dessus tout la Loi de la République. Aucun règlement précis ne semble interdire à un bidasse d'être abonné à *L'Huma* pourvu qu'il ne fasse pas de prosélytisme, et la loi ne paraît pas autoriser non plus qu'on le prive de cette édifiante lecture. Reste bien sûr la répression discrètement dissuasive. Mais comment infliger impunément des brimades à un type qui est journaliste à *L'Huma* ? Le lendemain, ce serait dans son journal…

Je ne vous infligerai pas davantage le récit de mon service militaire, même s'il y aurait beaucoup à dire. Après une année entière à ne rien faire et à ne penser à rien, je retournais à la vie civile en pleine forme, le corps et l'esprit reposés, avec une envie décuplée de vivre. L'expérience de la prison, quand elle n'est pas trop prolongée, a le mérite de redonner tout son sens au mot liberté. Celle du désœuvrement total et de la stupidité absolue redonne le goût de l'action et de la réflexion. De ce point de vue, le service militaire fut pour moi à la fois un retour au néant originel et une véritable renaissance.

MES UNIVERSITÉS

Je retourne à la vie civile gonflé à bloc, bien décidé à rattraper le temps perdu. À la fac de Villetaneuse, je n'ai pas connu la vie d'étudiant telle que je l'avais fantasmée en quittant l'École Saint Martin, le bac en poche. J'avais opté pour les Sciences Économiques parce que la politique m'intéressait, mais aussi par raison, pensant que c'était la meilleure voie pour accéder aux métiers susceptibles de me correspondre et de m'assurer un avenir acceptable voire si possible à la hauteur de mes espérances. Mais si l'économie est une science molle, en rien prédictive et totalement réfractaire à l'expérimentation, son appareillage méthodologique convoque ces sciences dures que sont les mathématiques et les statistiques. L'économie combine donc ce que les sciences humaines ont de plus fumeux, avec ce que les sciences exactes ont de plus rébarbatif. Les sciences économiques et sociales, c'est de la philosophie et de la psychologie mises en équation. Un peu comme si on cherchait à prouver l'existence de Dieu à l'aide d'un programme informatique, à mesurer le désir avec un double décimètre, à quantifier le bonheur ressenti avec un thermomètre, à évaluer l'honnêteté d'un élu avec un pèse-personne, et à peser le pour et le contre avec une balance de cuisine.

Même si j'aurais rêvé d'être astrophysicien, il faut bien se rendre à l'évidence, je suis plutôt un littéraire. Jusqu'au bac, l'économie, c'est de l'histoire racontée par un journaliste. En fac, je n'avais plus le niveau en maths. Surtout après quatre années de chaos dans une université en grève permanente. Même si j'avais obtenu par miracle un diplôme de consolation, j'étais au bord de la déscolarisation. Et puis mon premier job d'été à la Société Générale m'avait donné une idée de ce qui m'attendait si je persistais à vouloir devenir un cadre, et à quel point ma connaissance des théories keynésiennes ou marxistes me serait d'un grand secours pour être employé de banque. Plutôt crever. Quitte à faire des études qui ne mènent nulle part, autant choisir une matière qui m'intéresse vraiment. Et tant qu'à être étudiant, autant que ce soit à la mythique Sorbonne.

Ce qui m'intéressait le plus à l'époque, c'était de retrouver mes racines espagnoles. Pendant mes études secondaires, mon Espagnol de père m'avait contraint à prendre l'allemand en première langue, et l'anglais en deuxième. Après toutes ces années d'études, je m'exprimais aussi bien dans ces deux langues qu'en latin. Maintenant, c'est moi qui choisirai. Et par le jeu des équivalences, je décidais de m'inscrire à La Sorbonne en deuxième année de Licences de Lettres Espagnoles. Le seul problème, c'est que je n'avais jamais appris cette langue pendant toute ma scolarité. Qu'à cela ne tienne. Je parlais déjà un peu l'espagnol pour l'avoir pratiqué chaque été pendant mes vacances familiales sur la Costa Dorada. Un mois de cours d'été à l'Université de Salamanque devait suffire à me donner les quelques bases nécessaires.

Deux mois après, je débarquais à Clignancourt. Pour La Sorbonne, la vraie, il faudrait encore attendre un peu. Les deux premières années de licence à Paris IV se déroulent à la Porte de Clignancourt. C'était toujours mieux que Villetaneuse, mais encore plus loin d'Auvers-sur-Oise où j'étais toujours contraint à habiter faute d'avoir l'argent nécessaire pour une chambre à Paris. Mais j'étais hyper motivé. Il le fallait, car je savais que je n'avais pas du tout le niveau nécessaire. Le premier cours en amphi, j'arrive en retard. L'entrée se fait côté bureau du professeur. Tout l'amphi a les yeux braqués sur moi. Je m'assieds le plus discrètement possible, et je regarde autour de moi, comprenant mieux la gêne que j'ai ressentie en entrant. Dans l'amphi, il n'y a que des filles. Je me rapproche du paradis.

Mes professeurs, évidemment, remarquent tout de suite que je suis un cas à part. Je suis un garçon, d'abord, plus âgé que les autres, et pour ce qui est de la langue, j'ai en début d'année le niveau quatrième. Mais tous se montrent très bienveillants, voyant bien ma motivation hors norme. De fait, je me lève tous les jours à cinq heures du matin. Un petit footing pour entretenir la forme que j'avais pendant mon service militaire, puis j'attaque les romans au programme, en espagnol évidemment. Je ne connais qu'un mot sur deux. Je cherche tous les autres dans le dictionnaire. Je continue mes lectures dans le train. Deux heures de transport pour atteindre Clignancourt. Le temps de me familiariser avec les classiques espagnols. Tout me passionne. La littérature classique et moderne, espagnole ou latino-américaine, le Siècle d'Or et la Guerre Civile. Cette guerre qui a conduit mon père à venir s'exiler en France en 1939 avec ses parents. Et qui est donc constitutive de mon propre destin.

À la fin de l'année, j'ai rattrapé le niveau de mes camarades. Et l'année d'après je décrocherai la licence avec mention très bien. Le temps que je ne passe pas dans les transports ou en cours, je le passe à la bibliothèque. Il arrive à mes professeurs de me demander les références des articles que je cite, et dont ils ignoraient eux-mêmes l'existence. Mais je n'en ai pas fini avec cette boulimie d'apprendre. Par le jeu des équivalences qui permettent d'écourter les cursus, et en étudiant toujours au moins deux disciplines à la fois, je cumulerai l'équivalent d'une quinzaine d'années d'études supérieures, et j'obtiendrai sept diplômes universitaires dans des spécialités différentes.

DEVIENS QUI TU ES

Avec mon entrée en licence de lettres espagnoles, j'accède enfin au saint des saints, la Sorbonne. En réalité, la plupart des cours de travaux dirigés ont lieu à l'Institut Hispanique, rue Gay Lussac. Qu'importe, c'est le Quartier Latin. Et les cours magistraux sont bien donnés dans le cadre historique de La Sorbonne, avec ses majestueux amphithéâtres ornés de boiseries et de fresques. Ceux de Villetaneuse étaient en béton et couverts de tags. Les professeurs de Paris XIII faisaient cours dans la peur de prendre sur la tête un seau d'eau ou un sac de farine administré à visage découvert et sans crainte de sanction par un gauchiste. Ici certains enseignent encore en toge, et ils n'ont qu'à tousser en début de séance pour obtenir le silence. Il y en a même qui dictent leur cours, que des jeunes filles de bonne famille prennent religieusement en note mot pour mot. Mai 68 semble bien loin, mais j'avoue ne voir à ce moment-là que des avantages à ce retour à l'ordre.

En espagnol, il y a moins de monde qu'en anglais, les étudiants sont issus de milieux un peu plus populaires, et ils sont plus motivés. Ils ont souvent, comme moi, des origines espagnoles, ou bien ils entretiennent une véritable passion pour l'Espagne et pour la langue de Cervantès. À quelques pas de la Sorbonne, les locaux du petit Institut Hispanique sont à la fois modernes et déjà vétustes. L'ambiance y est plus décontractée qu'à la Sorbonne voire plus intime. On tutoie les chargés de cours, on prend des cafés avec eux au bistrot du coin, on fait du théâtre ensemble après les cours, on refait le monde après les répétitions, on reprend des verres jusqu'au bout de la nuit, et plus si affinités.

Ayant rattrapé le niveau de mes camarades de licence en lettres espagnoles, je cumule cette année-là avec un troisième cycle en économie au Centre d'Études Ibériques et Latino-Américaines Appliquées, également abrité par l'institut Hispanique. Une façon de ménager mes arrières en préparant mon retour aux affaires. Car je ne sais toujours pas ce que je pourrais bien faire avec une licence d'espagnol, à part tenter le CAPES, ce qui ne m'enchante guère. Au cours de ma vie, j'aurai au final souvent enseigné, sans jamais me considérer comme un prof et sans jamais aspirer à en devenir un.

Ce retour à l'économie m'aide à décrocher deux stages en Espagne qui, avec mes diplômes déjà acquis, me permettent d'intégrer un troisième cycle en marketing à Sciences Po. Ou comment sortir par la grande porte d'une des écoles les plus prestigieuses après y être entré par une fenêtre restée ouverte. À Sciences Po, je retrouve, si on peut dire, mes camarades de l'École Saint Martin. Ce ne sont pas les mêmes, évidemment, mais ils sont issus de la même élite. Ils portent tous des noms à rallonge et à particules, ou quand ce n'est pas le cas, ils portent des noms de marque. J'ai dans ma promotion une demoiselle Peugeot. Le week-end, ils organisent entre eux des rallyes mondains. Je ne savais même pas que ça existait. Et je ne sais toujours pas exactement ce que c'est. Pas sectaires, ils ont la gentillesse de m'inviter mais je décline, craignant à nouveau de ne pas être du tout à ma place et de me ridiculiser en enfreignant des codes que je ne connais pas.

Pour fêter la fin de cette année d'études à Sciences Po, j'accepte malgré tout d'aller à une soirée chez l'une de nos fortunées camarades. Les fenêtres donnent sur les jardins de Matignon. Et je me rends compte que je suis chez un ministre quand il passe la tête par la porte pour saluer sa fille et voir si tout va bien. L'histoire m'a rattrapé. Me voilà de nouveau à côtoyer un milieu élitaire auquel je n'appartiens pas, sans pour autant appartenir à aucun autre.

Reste à savoir quoi faire de ma vie. À commencer par cette vie professionnelle dans laquelle, à plus de vingt-cinq ans, je ne suis toujours pas entré. C'est à Science Po, comme d'autres à Lourdes, que j'ai une révélation. Un de nos intervenants est Georges Péninou. À l'époque, c'est l'un des seuls spécialistes en France de la sémiologie appliquée au marketing et à la publicité. J'entrevois soudain la possibilité de concilier mon goût pour la langue et la littérature avec mon intérêt réel pour le marketing. Péninou a été formé par Barthes. Mais Barthes est mort. Il ne me reste plus qu'à savoir où l'on peut apprendre la sémiologie à Paris et qui a pris la succession de Barthes à l'École Pratique des Hautes Études où il enseignait jusqu'à ce qu'il soit renversé par une camionnette juste devant la Sorbonne. Ma vie n'aura été qu'un long jeu de piste, à la recherche de qui je voulais être. Deviens qui tu es, disait Nietzsche.

Facile à dire. Encore faut-il savoir qui on est. Et ça on ne le sait qu'à la fin, et à condition d'avoir beaucoup cherché. Je cherche encore…

ALGIRDAS JULIEN GREIMAS

En attendant de devenir qui je veux être, c'est-à-dire pour l'instant sémiologue, alors que je connais encore à peine le sens de ce mot, j'ai obtenu grâce à Sciences Po un stage dans une société d'études dont je tairai le nom, filiale française d'un groupe américain spécialisé dans les études quantitatives, et réputée pour avoir mis au point un modèle de prédiction des ventes. Quand un annonceur envisage de lancer un nouveau produit, cette société se charge d'interroger les consommateurs potentiels sur leur degré d'intérêt pour cette nouveauté. Elle intègre ensuite dans son mystérieux programme les résultats de cette enquête, ainsi qu'un ensemble d'autres données marketing concernant le niveau de prix, le circuit de distribution, le montant de l'investissement publicitaire prévu, et bien d'autres facteurs. Enfin, après avoir digéré toutes ces informations, l'ordinateur central, situé à la maison-mère aux États-Unis, rend son oracle telle la Pythie de Delphes.

Le secret de ce modèle prédictif, qui a fait la fortune de cette société d'études, est aussi bien gardé que la recette du Coca-Cola, et même la filiale française n'en a pas connaissance. Le jour dit, en tenant compte du décalage horaire, il faut téléphoner au concepteur mythique de cette formule magique, un savant « docteur » résidant de l'autre côté de l'Atlantique, afin qu'il livre de vive voix le chiffre fatidique, sorti d'on ne sait où, qui décidera du sort de ce nouveau produit. Bref, on n'est pas loin de Nostradamus ou de Madame Soleil. Si c'est ça les études quantitatives, réputées scientifiques, pourquoi ne pas essayer la sémiologie ?

Je poursuis mon enquête, pour découvrir qu'un cours de sémiologie existe toujours à la Sorbonne au sein de la célèbre École Pratique des Hautes Études, où ont enseigné les plus grands chercheurs en sciences humaines, et qui se caractérise, comme le Collège de France, par le fait que ses enseignements sont ouverts aux auditeurs libres. J'y vais. Il s'agit en fait principalement d'un cours de phonétique, assuré par l'un des plus grands linguistes de l'époque, André Martinet, et c'est sa femme Jeanne qui, tout en assistant son mari à chaque séance, distille parfois en vedette américaine quelques rudiments de sémiologie. C'est donc en couple que les Martinet, d'un âge déjà assez avancé, dispensent dans les combles de la Sorbonne, devant une poignée de thésards, un enseignement très académique. On est loin de Barthes, et je comprends dès le premier cours que si la recherche se poursuit quelque part à Paris en sémiologie, ce n'est pas là que ça se passe.

J'interroge un de ces vieux étudiants, et il me lance sur une meilleure piste, l'École des Hautes Études en Sciences Sociales, qui malgré un nom assez similaire n'a rien à voir avec l'École Pratique des Hautes Études. À ce qu'il paraît, un certain Algirdas Julien Greimas, dont je n'ai jamais entendu parler, répand là-bas la bonne parole. Je décide d'aller voir. Le séminaire de Greimas se tient chaque mercredi à 14 heures dans l'amphithéâtre de la Faculté de Théologie Protestante, à Port-Royal, et il est également ouvert aux auditeurs libres.

Dès que j'entre dans ce qui ressemble à une chapelle, bourrée de fidèles, où le maître s'apprête à officier, j'ai la révélation, une de plus, que je suis sur le point de participer à un moment clef dans l'histoire de la recherche. Ressemblant vaguement à Einstein, avec ses grosses moustaches, Greimas est tout aussi vieux que Martinet, mais on voit tout de suite à son air rigolard et ses yeux malicieux qu'il est plus jeune d'esprit que la plupart de ses disciples, qui par ailleurs se divisent en deux catégories. Les premiers, qu'on appelle les douze apôtres, sont des intellectuels trentenaires de haut vol, généralement encore thésards mais souvent déjà enseignants. Ils font partie du cercle restreint entourant le prophète de l'École de Sémiotique de Paris, qui n'est pas une école au sens administratif du terme, mais plutôt un mouvement de pensée et un courant de recherche. Car la comparaison avec la religion s'arrête au décorum un peu poussiéreux de ce grand séminaire, et à la passion animant tous les participants. Ici, point de gourou. De toute l'assemblée, Greimas est sans doute celui qui se prend le moins au sérieux. Il partage la scène avec ses adeptes, et n'importe qui dans l'assistance peut à tout moment prendre la parole. Même si peu s'y risquent vraiment de peur de proférer une ânerie. Car le moins qu'on puisse dire est que tout cela vole très haut. Surtout pour moi qui, avec ma formation économique et littéraire, ne dispose d'aucune connaissance en linguistique et encore moins en sémiotique. C'est simple, ces gens ont carrément rédigé un dictionnaire pour mieux se comprendre entre eux, le *Dictionnaire Raisonné de la Théorie du Langage*. Ils sont en train d'écrire ensemble le deuxième tome, et chacun peut proposer des entrées et des définitions. C'est donc une langue qui m'est totalement étrangère. La bonne nouvelle, c'est qu'on peut l'apprendre. Ici, ce n'est nullement un maître, supposé savoir comme dirait Lacan, qui dispense un enseignement à des élèves désireux d'apprendre. Dans cet amphi, on n'est sûr de rien, on cherche ensemble, on est prêt chaque jour à remettre en cause la pertinence de ce qu'on pensait avoir trouvé la veille, et finalement on assiste, voire on contribue, à l'émergence d'un savoir en train de se constituer. De ma déjà longue carrière d'étudiant, c'est la première fois que j'ai la chance de vivre une telle aventure intellectuelle collective, et c'est un choc. J'ai raté Barthes, je ne passerai pas à côté de Greimas.

10 RUE MONSIEUR-LE-PRINCE

Avec les premières indemnités de mes divers stages, je ne peux pas encore prétendre louer un studio en mon nom propre à Paris. Pour cela il me faudrait un contrat à durée indéterminé, avec des feuilles de salaires conséquentes. Mais pour le moins, j'ai trouvé une sous-location du côté de Montparnasse. Une fille de la fac qui part pour un an avec Erasmus en Espagne. Ce n'est pas tout à fait chez moi, mais quand je pose pour la première fois le pied dans cette chambre de bonne, c'est comme si je marchais sur la Lune. Un petit pas pour n'importe quel étudiant, un bond de géant pour moi. Plus de comptes à rendre à ma mère. Plus d'ordres à recevoir de mon père. Des ordres, je n'en recevrai plus désormais que de mes patrons. Le moins possible, mais il faut savoir faire quelques concessions. Et puis les patrons, au pire, on peut toujours en changer… en attendant de pouvoir enfin s'en passer.

Mais surtout, avec ce pied-à-terre à Paris, finis les trains de banlieue ! Près de deux heures pour aller de Chaponval à Paris très tôt le matin, et autant pour revenir tard le soir. Ce qui rendait bien sûr impossible toute sortie entre amis après les cours ou toute vie parisienne en général. Un gain de temps et d'énergie considérable, qui va me permettre de commencer à étudier sérieusement la sémiologie, tout en continuant à travailler dans la société d'études où j'étais déjà en stage, et où je viens de me faire embaucher à temps partiel. Ce sera d'ailleurs désormais mon credo : plus jamais de ma vie un travail à temps plein.

J'ai débarqué au séminaire de Greimas en milieu d'année, trop tard pour m'inscrire en troisième cycle à l'EHESS. Et puis je n'ai presqu'aucune notion en linguistique et encore moins en sémiotique. Est-ce bien raisonnable d'entreprendre directement une thèse sur ce sujet ? Je profiterai de ce qui reste de l'année scolaire pour me mettre à niveau, en assistant au séminaire et aux ateliers en auditeur libre. Car à côté du grand séminaire du mercredi, les plus fidèles disciples de Greimas animent chaque semaine des ateliers de recherche spécialisés dans les divers domaines que la sémiotique prétend aborder. Les intitulés mêmes de ces ateliers sont absolument incompréhensibles pour les non-initiés, à commencer par moi. Mais, miracle, l'un d'eux est consacré à la communication publicitaire.

Il est animé par Jean-Marie Floch. Beaucoup plus jeune que Péninou qui est déjà proche de la retraite, il a à peine quarante ans à l'époque, et je découvre que c'est le plus grand spécialiste du moment dans cette discipline. Plus important encore, non seulement c'est un chercheur en vue, qui a déjà publié plusieurs ouvrages consacrés à la sémiotique de l'image, mais il travaille aussi en free-lance pour des cabinets d'études et des agences publicitaires. Précisément ce que je rêve de faire un jour. Reste à ce qu'il veuille bien m'accepter en auditeur libre dans son atelier. Je me rends donc sur place à l'heure prévue pour la prochaine séance.

La plupart des ateliers ont lieu au premier étage d'un petit immeuble vétuste, au 10 rue Monsieur-le-Prince, non loin de la Sorbonne. J'apprendrai plus tard qu'Auguste Comte a vécu là autrefois. Au rez-de-chaussée un débarras, à l'étage un placard à balais servant de bureau à Greimas, et une autre pièce à peine plus grande où se déroulent les ateliers. On le sait, la République est peu généreuse avec ses chercheurs, et l'université l'est encore moins avec ce trublion un peu métèque et sa bande de jeunes thésards exaltés qui bousculent les frontières bien établies entre les différentes disciplines en prétendant fournir un langage commun à toutes les sciences humaines.

Jean-Marie Floch m'accueille poliment. L'École de Sémiotique de Paris est ouverte à tous, y compris à quelques illuminés qui, sans doute en raison de son métalangage apparemment ésotérique, prennent Greimas pour un gourou et ses adeptes pour une secte. Même si nous sommes moins d'une dizaine, le plus difficile est donc de me trouver une chaise pas trop bancale et un endroit pour la poser. Après quoi, aux anges, j'assiste pour la première fois à l'Atelier de Sémiotique Publicitaire animé par ce grand spécialiste de la discipline. Cette première sera aussi pour moi la dernière. La semaine d'après, Jean-Marie Floch nous annonce qu'il suspend son enseignement jusqu'à la fin de l'année scolaire. Entre ses travaux de recherches et son activité de sémiologue free-lance, il est débordé, et il doit faire des choix. Par ailleurs, sa femme vient d'accoucher de leur deuxième enfant.

C'est une déception pour tous et pour moi une catastrophe. Mais je ne suis pas du genre à me laisser abattre. Je propose aux autres participants de poursuivre l'atelier en autogestion. Une autogestion dont je prendrai rapidement le contrôle. Il ne m'a pas fallu longtemps en effet pour me rendre compte que la plupart de mes camarades, qui sont pourtant là depuis plusieurs années, et qui pour certains préparent une thèse avec Greimas, ont une conception assez mystique de la sémiotique, et font de son métalangage un usage plutôt surréaliste. Malgré les apparences, ils n'en savent guère plus que moi. Mais moi j'ai parfaitement conscience de l'ignorance dans laquelle je suis de cette discipline en réalité très rigoureuse, je suis déterminé à apprendre, et j'ai déjà commencé à le faire en lisant et en relisant tous les livres de Greimas.

Par rapport aux autres, j'ai aussi l'avantage de bien connaître la publicité, dont ils ignorent tout. Bref, en quelques semaines, ces moutons abandonnés me considèrent déjà, plus ou moins malgré moi, comme leur nouveau berger. Je fais autorité, et je remplace cet illustre professeur dont je n'ai suivi qu'un seul cours. Toute ma vie j'aurai pratiqué avant de savoir, et enseigné pour apprendre. Le principe de l'atelier était, pour chacun des participants, de travailler sur un exercice pratique, à rendre à la fin de l'année. Le moment venu, nous rendons tous nos copies à Jean-Marie Floch, qui consent à revenir pour la dernière séance afin de clôturer l'atelier. Pour ma part, avec les quelques notions de sémiotique que j'ai pu acquérir par moi-même à l'aide de mes lectures, j'ai fait l'analyse d'une publicité automobile. À la fin de cette dernière séance, Floch demande à me voir. Va-t-il me reprocher d'avoir profité de son absence pour fomenter un putsch dans son atelier de sémiotique publicitaire ? Va-t-il me faire comprendre gentiment que le papier que je lui ai rendu n'est pas digne d'un étudiant de troisième cycle ? Bref, s'est-il rendu compte que je ne suis qu'un imposteur ?

À ma grande surprise, sans faire aucun commentaire sur le travail que je lui ai rendu, il me propose de le remplacer auprès d'un de ses clients pour une analyse sémiotique qu'il n'a pas le temps de faire lui-même.

Je suis bien entendu très étonné, ravi et complètement angoissé. Le client en question est un groupe informatique, et il s'agit de publicités pour des composants électroniques. Non seulement je n'ai jamais réalisé d'études sémiotiques pour un véritable annonceur, mais je ne connais strictement rien non plus à cet univers de produits.

En plus de mon boulot de chargé d'études, me voilà à analyser dans ma chambre de bonne un vaste corpus de publicités plutôt techniques et assez austères pour de mystérieux produits qui ne relèvent donc pas de la grande consommation, et dont j'ignore à qui ils sont vraiment destinés. Floch vient me voir une fois pour s'assurer que tout va bien. Je lui présente mon travail tout en lui faisant part de mon désarroi. Je ne le reverrai que le jour de la présentation chez le client, où il me laisse exposer mon analyse sans faire aucun commentaire.

Il faut croire que ma présentation n'était pas si catastrophique, car Jean-Marie me confie ensuite plusieurs autres analyses, cette fois dans le domaine des produits pharmaceutiques avec lesquels je suis bien sûr tout aussi familier. Pour couronner le tout, afin d'alléger un peu son agenda, Floch me propose à la rentrée suivante d'animer son atelier en alternance avec lui. Je serai chargé de la sémiotique publicitaire, et lui de la sémiotique visuelle, son domaine de prédilection. Six mois après avoir découvert la sémiotique, sur proposition de Jean-Marie Floch à Greimas qui lui fait entièrement confiance, j'ai la responsabilité de l'enseigner, en tant que directeur de cette unité de recherche placée sous l'égide de l'EHESS et du CNRS. Ma carrière d'imposteur est lancée. Plus rien ne pourra plus m'arrêter.

Pour acquérir cependant un début de légitimité, je juge plus prudent de m'inscrire en DEA, afin d'apprendre officiellement les premiers rudiments de la discipline que j'aurai, de fait, la charge d'enseigner aux thésards de Greimas.

LE BOUGNAT

À quelques pas du 10 rue Monsieur-le-Prince, où je dois donner mon premier cours de sémiotique publicitaire, se trouve à cette époque un minuscule bistrot tenu par un Auvergnat. J'ignore s'il existe toujours. Certains coins de Paris n'ont pas beaucoup changé alors, depuis les années cinquante, et l'estaminet de ce bougnat, en plein Quartier-Latin, appartient déjà à un autre temps. Le mercredi, l'agenda de Greimas est réglé comme du papier à musique. Vers neuf heures il prend son café dans ce bistrot où il a sa table, et il y donne éventuellement quelques rendez-vous. Il travaille ensuite dans son minuscule bureau, juste en face de la petite pièce où se tiennent les ateliers. Puis il retourne déjeuner chez l'Auvergnat, éventuellement en compagnie d'autres personnes ayant sollicité un entretien, ou avec ses plus proches disciples. Le téléphone portable n'existe pas encore. Ceux qui veulent joindre le maître n'hésitent donc pas à appeler le bougnat qui sert de standardiste au chef de file de l'École Sémiotique de Paris, et qui sans le savoir a dû avoir au bout du fil tout ce que l'époque compte de grands intellectuels. Greimas prend ensuite le métro pour se rendre à Port-Royal donner son grand séminaire, souvent en compagnie d'invités de marque comme Paul Ricœur ou Umberto Eco, conviés à partager la tribune avec lui pour apporter leur contribution ou même leur contradiction. Car Greimas ne craint guère la controverse, qui au contraire stimule son esprit. Même quand c'est pour faire part de ses doutes, il a réponse à tout, sur tous les sujets, et quel que soit son interlocuteur. C'est l'un des plus grands penseurs du vingtième siècle, mais il sait aussi manier l'humour, ce qui rend ses interventions plus accessibles, même sur les sujets les plus arides. Quand il a fini de répondre à une question, même si seule une poignée d'initiés ont vraiment saisi le sens de ce qu'il a dit, les autres pour le moins se souviennent d'avoir compris la plaisanterie qu'il a faite au début, et ça les rassure un peu. Le séminaire se poursuit de façon informelle au café du coin où le maître, pour se détendre, semble davantage apprécier à sa table la compagnie des jolies femmes que celle des vieux thésards.

Si Greimas n'aime rien plus que le débat, ce n'est pas encore mon cas. Et je suis bien sûr tétanisé à l'idée d'avoir à faire face pour la première fois en tant que chargé de cours à ces élèves qui il y a quelques mois encore étaient mes camarades. Surtout quand Greimas en personne est dans le bureau d'à côté, voire quand Joseph Courtès, qui lui sert de secrétaire, mais qui a écrit avec lui le fameux *Dictionnaire Raisonné de la Théorie du Langage*, se trouve dans la pièce même où je donne mon cours, et entend chaque mot que je prononce tout en mettant de l'ordre dans ses papiers ou en tapant à la machine. C'est pourquoi le mercredi matin, avant de donner mon cours, je vais moi aussi chez le bougnat, et qu'avec mon café je m'enfile un petit calva pour me relaxer un peu.

Contre toute attente, la fréquentation de mon atelier de sémiotique publicitaire explose très vite. Hormis les étudiants habituels, tout ce que Paris compte de free-lances désireux d'acquérir à bon compte quelques rudiments de sémiotique se presse pour assister à mes cours. Vu l'extrême exiguïté du lieu, certains doivent rester sur le palier. Floch me rapporte que Greimas, avec qui je n'ai encore jamais eu une vraie conversation, s'en étonne et s'en amuse. Mais qu'est-ce qu'il leur raconte, Martinez, pour qu'il y ait tant de monde à son atelier ?

Un grand patron

La fin de l'année scolaire approche. Floch, jusque-là free-lance, se voit proposer par l'Institut Ipsos de créer chez eux un département d'études sémiotiques. Il accepte et, quelques mois après, me demande de venir travailler avec lui. C'est pour moi un nouveau rêve qui se réalise. À Ipsos, je vais pouvoir côtoyer quotidiennement le plus grand spécialiste français de la sémiotique visuelle et publicitaire, non pas comme professeur, mais comme partenaire de travail. Et bien sûr, à son contact, je vais en apprendre plus en un mois sur la sémiotique appliquée que quiconque en un an d'étude. Nos bureaux se trouvent à l'étage de la direction, juste à côté de ceux des deux grands patrons de cet institut bicéphale, Didier Truchot et Jean-Marc Lech. Ipsos Sémiotique, c'est-à-dire Floch et moi, est directement rattaché à la direction. Nous n'avons de comptes à rendre qu'à nos deux patrons, et ils nous laissent une extrême liberté. Le premier conseille les plus grands hommes politiques du moment, jusqu'à l'Élysée. Le deuxième conseille les plus grands patrons. Le brillant et élégant intellectuel qu'est Jean-Marie Floch séduit l'homme d'études qu'est Jean-Marc Lech et plus encore l'homme d'affaires qu'est Didier Truchot, formant tous les deux un couple directorial indissociable dont la pérennité, jusqu'au décès du premier, restera un sujet d'admiration pour tous, et un mystère pour moi. Rue des Jeûneurs, où l'institut est encore domicilié mais où il va bientôt se trouver à l'étroit, ils vont jusqu'à partager le même bureau. Comme tous les couples qui durent, ils ont chacun des personnalités très différentes.

Lech est plutôt un loup solitaire, un homme de réseau mais pas vraiment un homme d'entreprise. Ce n'est pas un tendre, et il manie en permanence une ironie parfois cruelle pour ne pas dire un certain cynisme. Mais il a bien sûr aussi sa complexité et sa part d'ombre. C'est un idéologue plus qu'un humaniste.

Sous des dehors nonchalants et un peu bourrus, Truchot est un timide, un affectif et un intuitif. Même s'il n'esquive aucune confrontation, il aime les gens, il les respecte, et c'est ça qui fait de lui un chef d'entreprise admiré par ses salariés. Parti de rien, Didier Truchot aura bâti au fil des années l'une des trois plus grandes sociétés d'études et de sondages au monde. Lors de mon « entretien d'embauche » il se contente de me dire que si Jean-Marie Floch m'a choisi pour travailler avec lui, c'est que je dois être la bonne personne, et que ça lui suffit. Quand je donnerai ma démission quelques années plus tard, sans qu'aucun conflit ne m'ait jamais opposé à lui, cet homme très occupé prendra à nouveau le temps de s'entretenir un moment avec moi. Y a-t-il une raison particulière à ta décision dont nous pourrions discuter et qui pourrait te faire changer d'avis ? Je lui réponds que non, c'est un choix personnel. Dans ce cas, je te souhaite bonne chance, et si tu veux revenir un jour, Ipsos aura toujours quelque chose à te proposer. La classe.

Je ne suis pas revenu travailler chez Ipsos, et je n'ai recroisé Didier Truchot que quelques années plus tard, à l'enterrement de Jean-Marie Floch qui hélas devait nous quitter prématurément. Ce grand patron, venu avec son chauffeur, m'a tout de suite reconnu et appelé par mon prénom. Et lors de cette poignante cérémonie à laquelle il a assisté jusqu'au bout, il pleurait.

On reconnaît les petits chefs à ce qu'ils cherchent toujours un bouc émissaire pour assumer leurs erreurs à leur place. On reconnaît les grands patrons à ce qu'ils assument non seulement leurs erreurs, mais aussi celles de tous ceux qui sont placés sous leur responsabilité, comme si c'était leurs propres erreurs. C'est dans la tempête qu'on reconnaît un grand capitaine. Car dans la tempête, un vrai capitaine ne se contente pas de tenir la barre en serrant les fesses et en priant le bon Dieu, en attendant que ça se passe. Le grand capitaine n'est pas fait pour la navigation en eau douce par temps calme. C'est dans la tempête qu'il se révèle, qu'il se transcende et qu'il existe vraiment. J'ai vu Didier Truchot faire face en grand patron à des situations de crise que le secret professionnel m'interdit de détailler. Mais je peux néanmoins rapporter une anecdote.

Une grosse étude avait été confiée à Ipsos pour le repositionnement du journal *Le Progrès de Lyon*, assortie d'une analyse sémiotique. Jean-Marie Floch, au dernier moment, me laisse l'honneur d'aller présenter les résultats de cette étude à Lyon, avec Didier Truchot, et un autre directeur d'études chargé de la partie quantitative. Je dois les rejoindre directement à la gare pour prendre le TGV avec eux, mais quand j'arrive là-bas, il n'y a personne sur le quai. Sans juger utile de me prévenir, le directeur d'études en question a préféré prendre le train d'avant. Je n'ai pas l'adresse du rendez-vous. À Lyon, je me rends logiquement au siège du journal, où on m'annonce que la présentation se tient au domicile personnel du patron du journal, qui a une jambe dans le plâtre, et qui habite à 50 kilomètres de là. Le chauffeur du journal m'y conduit. J'étais déjà pas mal stressé par la perspective de présenter une étude devant un patron de presse et devant mon propre patron, alors vous imaginez mon degré de sérénité en arrivant là-bas. J'entre, et j'aperçois Didier Truchot en train d'exposer les résultats assez complexes de mon étude sémiotique devant le directeur du *Progrès* et l'ensemble de sa rédaction, avec un simple *paper board* sur lequel il a griffonné quelques *mappings*. Il a lu mon rapport dans le train, mais il n'a aucun support visuel de présentation, ce qu'on appelait à l'époque des transparents, puisque c'est moi qui les ai dans mon cartable. On me chambre gentiment, je m'assieds sagement dans un coin, et Didier Truchot termine son exposé qui touchait à sa fin. J'ai fait le trajet depuis Paris pour rien. Je n'ai pas pu assurer la présentation de cette étude très stratégique et accessoirement très coûteuse pour le client. Même si la faute ne m'incombe pas directement, mon patron pourrait facilement trouver des raisons pour me faire des reproches. Dans le train du retour, au bar du TGV, décontracté comme à son habitude, il ne fait pas la moindre allusion à mon fiasco, et ne m'en tiendra aucune rigueur. Pour moi, c'était un drame, pour lui ce n'est qu'une péripétie.

Une autre anecdote. Un matin, en arrivant au bureau, des employés se rendent compte qu'une femme de ménage a mis à la poubelle toute la comptabilité de la société. La veille au soir, l'expert comptable a imprudemment laissé tous ces classeurs empilés par terre, et cette brave femme, prenant tout ça pour de vieux papiers, a tout jeté. On récupère in extremis les classeurs en bas dans la poubelle collective, juste avant le passage de la benne. Ni le comptable ni la femme de ménage n'ont été licenciés pour ça, et tout le monde en rigolait encore des années après. L'erreur est humaine, et c'est le rôle d'un grand patron d'assumer celles de ses employés. Aujourd'hui,

Didier Truchot figure parmi les cent plus grosses fortunes de France. Pour réussir comme pour simplement survivre, il faut toujours aller au charbon et souvent même au chagrin. Mais on peut être un grand intellectuel ou un grand patron tout en gardant le sens de l'humour et en conservant un minimum d'humanité.

LES DUETTISTES

Avec Jean-Marie Floch, chez Ipsos, je réaliserai en quelques années une centaine d'études sémiologiques sur les sujets les plus divers, allant de la politique à l'alimentaire, de la presse à l'automobile, de l'industrie du luxe à l'industrie de l'armement... Ces études très stratégiques nous sont le plus souvent directement confiées par Jean-Marc Lech et Didier Truchot, très proches de tous les cercles du pouvoir politique et économique de l'époque. Nous n'avons donc pas à faire de commercial pour vendre nos services. Nous intervenons à la demande des grands patrons, et c'est le plus souvent devant eux que nous présentons nos analyses. Même si nos prestations sont très chères, nous ne générons guère de bénéfices, car le temps passé sur chacune de nos études est considérable et, contrairement à ce qui se passe dans le domaine des études quantitatives, il n'y a aucune délégation et aucune mécanisation possible. Cependant, le fait de pouvoir proposer des analyses sémiotiques est valorisant pour Ipsos. Depuis Barthes, la sémiologie jouit et pâtit à la fois de l'image d'une discipline assez complexe et très mystérieuse, voire fumeuse. Mais elle fascine. Abreuvés de chiffres chaque jour, les décideurs se rendent bien compte que les études quantitatives ne sont pas la réponse à tout, surtout lorsqu'il s'agit des problématiques les plus délicates tenant à l'image de la marque et de l'entreprise.

Et puis l'entreprise, justement, même si elle est généralement dirigée par des hommes de marketing issus des grandes écoles commerciales, garde une certaine curiosité à la fois respectueuse et un peu moqueuse pour le monde universitaire. Comme le roi a besoin de son bouffon, le PDG sait que de temps à autre, un regard indépendant voire légèrement impertinent, et un point de vue original et décalé, pourront renouveler un peu la vision que lui renvoient ses courtisans à longueur d'années. En tant que chercheur, néanmoins très familier des problématiques de la communication publicitaire, Jean-Marie Floch n'a aucun mal à séduire les plus curieux de ces hommes de marketing. Il est brillant. Il a de l'humour. Il est attentif et attentionné avec tout le monde, de la secrétaire au PDG. Il sait se montrer pédagogue tout en ayant toujours l'air d'en savoir beaucoup plus que ce que son auditoire serait en mesure de comprendre. Pour moi, travailler avec lui est tout simplement un rêve. Même s'il est mon directeur et moi son chargé d'études, il me considère si ce n'est comme un égal du moins comme un jeune frère encore mal dégrossi et un peu turbulent. Jamais il ne me donnera un ordre. Dès le début, alors que j'ai beaucoup moins d'expérience que lui, nous nous partageons le travail. Il fait ses études, moi les miennes, et en cours de route, nous échangeons sur nos premiers résultats, les difficultés que nous rencontrons et nos doutes. Pour reprendre une de ses expressions favorites, nous nous servons réciproquement de *sparring partner*, comme les boxeurs à l'entraînement. Il critique mes analyses ou les complète. Je critique les siennes et lui fais des suggestions, qu'il intègre presque toujours. Nous discutons, voire nous nous opposons, bruyamment parfois. Mais nous devons bien reconnaître que nous sommes complémentaires. Il en sait beaucoup plus que moi en sémiotique, j'en sais un peu plus que lui en marketing. Il a tendance à produire des analyses un peu trop subtiles, parfois difficilement compréhensibles pour les non-initiés. Je le ramène à plus de simplicité, en m'efforçant aussi de rendre ses recommandations plus opérationnelles. Il corrige mes erreurs. Mes fautes d'orthographe, parfois.

Jean-Marie Floch est pour moi bien plus qu'un maître, et je suis pour lui bien davantage qu'un assistant. On ne se quitte pas ou très peu. Nous profitons souvent de la pause déjeuner pour aller visiter au pas de charge, car Jean-Marie est un montagnard, des expositions de peinture ou de photographie au Grand Palais ou à Beaubourg. C'est un spécialiste de la sémiotique visuelle, et un grand connaisseur dans ces deux domaines. Il est d'ailleurs aussi photographe, et il dessine très bien.

Le mercredi matin, nous allons animer à tour de rôle nos ateliers de sémiotique, et nous nous retrouvons l'après-midi au séminaire de Greimas. Car l'une des conditions non négociables de notre venue à Ipsos était que nous conservions un jour par semaine de liberté pour la recherche universitaire. Je fais rapidement connaissance de Martine, la femme de Jean-Marie, et de ses deux enfants. Nos discussions vont bien au-delà de notre travail. On se raconte tout. Il a une dizaine d'années de plus que moi, il a une vie bien réglée. Sa femme l'appelle tous les jours en fin d'après-midi pour lui rappeler de ramener une baguette à la maison. Une façon pour elle de lui dire qu'elle l'aime et qu'elle a hâte qu'il rentre à la maison. Je suis célibataire, je sors beaucoup. Le week-end, seul cette fois, je profite d'être enfin parisien pour visiter des musées et des expositions, pour aller au cinéma et au théâtre. Dans la même journée, il m'arrive d'aller voir deux expos, deux films et une pièce de théâtre. Je lis énormément. Tout ce qui s'est publié dans le domaine des sciences humaines. Des essais sur la peinture et la photographie, aussi. Des biographies de peintres. J'échange bien sûr avec Jean-Marie sur tous ces sujets. Il me conseille des livres. Il m'en achète parfois. J'envie son bonheur familial. Il s'amuse de mes aventures et mésaventures en tout genre.

À Ipsos, on ne nous voit guère l'un sans l'autre. Ceux qui nous apprécient le moins, nous considérant à juste titre comme les danseuses de la direction, et donc comme des parasites, nous appellent les duettistes. Pour nous faire sentir que nous ne sommes que des amuseurs, pour ne pas dire des clowns, et que nous vivons à leurs crochets, eux qui travaillent vraiment et qui font rentrer de l'argent. On nous envie surtout notre indépendance, notre liberté, notre aura d'intellectuels, et notre entreprise buissonnière du mercredi pour retourner presque clandestinement à l'école. Nous sommes des oiseaux de passage. Ce sont des animaux de basse-cour. Floch est un homme pressé, sachant peut-être inconsciemment qu'il partira bientôt, emporté par une terrible maladie qui l'atteindra à l'endroit même où il se croyait le plus fort : le cerveau. À cinquante ans, il avait encore l'air d'un oiseau tombé du nid. La chute, finalement, aura été trop brutale. Il m'aura aussi appris à vivre dans l'urgence, comme si chaque jour pouvait être le dernier.

Un bilan reste un bilan, et un patron un patron. La pression s'accentue afin qu'Ipsos Sémiotique parvienne pour le moins à équilibrer ses comptes. On nous pousse à devenir un département généraliste d'études qualitatives, proposant entre autres des analyses sémiotiques. Et pour ce faire, on nous incite à recruter un autre directeur, qui développera cette nouvelle gamme de prestations plus classiques mais plus rentables, car beaucoup plus rapides à réaliser.

La nouvelle recrue arrive. Je sens vite le danger. Deux directeurs pour un seul chargé d'études, c'est l'armée mexicaine. Le nouveau directeur est un commercial avant tout. De fait, il vend beaucoup plus d'études que nous, principalement ce qu'on appelle des réunions de groupes de consommateurs qu'il anime lui-même, ce qui ne lui prend à chaque fois que quatre heures de son temps. Mais après, il faut quelqu'un pour résumer tout ça et en tirer quelques conclusions opérationnelles.

Quelques jours après son arrivée, il pose un dossier sur mon bureau et me lance comme une évidence : Tu pourras m'écrire le rapport ? Il y a comme ça des moments où la tournure que prendra votre vie dépend de votre capacité à répondre par la négative à une question qui apparemment n'appelle qu'une réponse positive. J'ai conscience de vivre en cet instant l'un de ces moments-clefs, et sans même réfléchir, je lui sers du tac au tac la réponse du Bartelby de Melville à son patron : « I would prefer not to ». Soit en français, tout simplement non. Il feint d'être surpris. Il attend un commentaire. Non ? Non. Je ne lui donnerai pas d'autres explications. Je n'ai pas intégré Ipsos pour faire le même travail de chargé d'études que je faisais auparavant. J'y suis venu pour faire de la sémiotique.

Et même Jean-Marie Floch, mon maître en la matière, ne m'a jamais demandé d'écrire un de ses rapports à sa place.

Je fais part de ma position à Jean-Marie, qui m'approuve sans réserve. Le nouveau directeur, lui, informe la direction de mon refus. Je me prépare à être viré. C'est lui qui au final devra s'en aller. Il ne sera resté que quelques semaines. Mais j'ai senti passer le vent du boulet, et je sais maintenant que mes jours à Ipsos sont comptés.

Le nouveau directeur est remplacé par une chargée d'études qualitatives, qui au moins ne saurait prétendre avoir une autorité sur moi. Mais la pression financière reste la même. La nouvelle chargée d'études est une femme qui a travaillé jusque là en free-lance et qui, n'ayant aucune vie privée, consacre tout son temps à son travail, son seul moyen d'exister et sa seule raison de vivre. Elle reste tard le soir, quand Jean-Marie et moi nous faisons un point d'honneur à avoir quitté le bureau à 18h30. Prétextant une urgence, elle nous convie même à revenir à Ipsos un dimanche pour terminer une présentation qui doit avoir lieu le lundi. Cette fois, c'est Jean-Marie qui refuse. Il comprend lui aussi que si nous restons là, nous y perdrons notre âme.

Jean-Marie arrive un matin avec un plan d'évasion. Greimas l'a informé que deux postes d'enseignants en sémiotique étaient à pourvoir au Québec. Avec l'accord enthousiaste de sa femme, il va postuler, et me propose de postuler avec lui pour le deuxième poste, qui pourrait me correspondre. Comme deux gamins, nous commençons à rêver de cette nouvelle vie en Amérique. Lui en famille, et moi en aventurier. Pendant la pause de midi, nous allons même à l'Ambassade du Québec nous renseigner sur les formalités et sur le pays, dont nous ignorons à peu près tout. Jean-Marie est un amoureux de la montagne et des grands espaces. Moi je suis passionné par tout ce que je ne connais pas encore.

Hélas, nous devons bientôt déchanter. Finalement, nos profils ne correspondent pas aux postes à pourvoir. Adieu le Canada. Pendant ce temps, notre nouvelle chargée d'études, embauchée comme nous à quatre jours par semaine, a fait pression pour passer à plein temps. Je comprends vite que ce mercredi de liberté, que nous étions parvenus à préserver jusque-là pour retourner chaque semaine à l'université, ne sera bientôt plus qu'un souvenir. Ma décision est prise, je ne me lancerai pas dans un nouveau bras de fer. Cette fois c'est moi qui démissionne. Plutôt être chômeur que de travailler à plein temps. Mais contre toute attente, je découvrirai quand même l'Amérique…

TCHERNOBYL

En attendant, j'ai besoin de vacances. À plus de trente ans, faute de temps et surtout d'argent, j'ai très peu voyagé. L'Espagne avec mes parents. L'Espagne encore avec des copains. L'Espagne toujours, pour le boulot. Quelques brefs séjours à Londres, comme tout le monde. Pour la première fois de ma vie, j'ai des congés payés à prendre. Je décide de partir seul, en train, pour deux semaines.

Quelques mois auparavant, j'ai rencontré une Roumaine, élève de Greimas elle aussi. Elle est architecte. Elle a un accent adorable. Elle ressemble plus à une matriochka qu'à une poupée russe, mais quoi qu'il en soit, on dirait qu'il y en a d'autres à l'intérieur. Bref, c'est compliqué. Notre aventure sera sans lendemain. Elle a déjà un mec, elle ne veut pas le quitter, et je n'insiste pas trop pour qu'elle le fasse.

Nous restons cependant amis. Elle a encore toute sa famille en Roumanie, et elle me suggère d'y aller. Comme je suis très influençable, j'achète aussitôt un billet de train pour Bucarest. Espère-t-elle que finalement, j'irai demander sa main à ses parents ?

Nous sommes le 26 avril 1986. Je dois prendre un train-couchettes ce soir-là pour entamer mon périple jusqu'à Bucarest. Le matin-même, j'écoute la radio. La nouvelle vient de tomber. Explosion nucléaire à Tchernobyl. Tchernobyl, c'est à 2500 kilomètres de Paris, et comme chacun sait, les autorités françaises refuseront le visa d'entrée sur notre territoire au nuage nucléaire. Bucarest, en revanche, n'est qu'à 900 kilomètres de l'explosion, et il n'est pas sûr que la Roumanie de Ceausescu ait comme nous la capacité de refouler ce vent de mort soufflé par le grand frère soviétique.

Mon billet de train n'est pas remboursable. Je décide de partir quand même. Je dois faire étape en Autriche, on verra bien comment évolue la situation. Arrivé à Vienne, au petit matin, les informations sont de moins en moins claires et de plus en plus alarmantes en ce qui concerne cette explosion nucléaire à bas bruit, invisible et indolore mais potentiellement mortifère. Sur le trajet, qui me conduit en ligne droite juste au-dessous de l'épicentre de l'explosion, Vienne est la dernière étape située du bon côté du mur de Berlin qui, faut-il le rappeler, est toujours debout à ce moment-là. Déjà qu'à l'Ouest, les informations sur cette catastrophe sont plus que sujettes à caution, alors à l'Est…

Je décide de poursuivre malgré tout jusqu'à Budapest, qui ne se trouve qu'à 250 kilomètres de Vienne. La Hongrie, ce n'est pas encore tout à fait le Bloc Soviétique. Il sera toujours temps de rebrousser chemin si les choses tournent vraiment mal. Car à

Budapest, je ne serai déjà plus qu'à 1100 kilomètres de cette centrale qui vient d'entrer en fusion. Je reprends donc le train pour Budapest.

J'adore les voyages en train. Ce moment où vous entrez dans le compartiment et où vous apercevez les quelques inconnus avec qui vous allez passer de longues heures. Un simple bonjour ou un signe de tête pour les saluer en arrivant, avant de s'asseoir. Puis ce silence un peu gêné, avec la certitude qu'au bout de quelques instants, l'ennui s'installant déjà, on échangera quelques mots polis, et plus si affinités. Il y a là entre autres un Chinois et une Autrichienne. Lui est pianiste. Plutôt bavard, il ne s'embarrasse pas trop de préliminaires. Je ne sais plus trop pourquoi il va à Budapest, mais ce qui est sûr c'est qu'il n'a pas de plan logement là-bas, qu'il n'hésite pas à le faire savoir dans un anglais assez approximatif, et qu'il ne se gêne pas pour demander à l'Autrichienne, qui a des attaches dans la capitale hongroise, si elle pourrait l'héberger. Elle trouve un prétexte quelconque pour se défiler.

Je n'ai pas réservé d'hôtel non plus. Je préfère improviser. Et je m'en tiens avec l'Autrichienne à des sujets de conversation désintéressés, concernant nos activités respectives. Elle est peintre, ou en tout cas étudiante aux Beaux-Arts. Je n'en saurai pas beaucoup plus, car le voyage entre Vienne et Budapest n'est pas si long, et le Chinois monopolise la conversation.

À la descente du train, l'Autrichienne prend avec soulagement congé de ce Chinois un peu trop collant. Nous marchons ensemble vers la sortie. Je lui demande si elle a un hôtel à me recommander. Une façon discrète de lui faire savoir que je ne sais pas où aller. Elle me propose aussitôt de l'accompagner chez l'ami qui l'héberge pendant ses nombreux séjours à

Budapest, un type qui travaille dans la publicité.

Je ne verrai à peu près rien de Budapest, car les Hongrois sont d'autant plus inquiets qu'ils se savent mal informés. Ils ne sortent pas de chez eux, ne bouffent que des conserves, et sont pendus à la radio jour et nuit pour écouter ce qu'ils savent être le discours officiel pour ne pas dire la voix de Moscou.

J'ai avec eux des échanges très intéressants. Je travaille avec les plus grands publicitaires français. La publicité en Hongrie est encore balbutiante. J'en suis déjà à envisager de m'installer à Budapest pour monter une agence dans ce pays où tout est à faire. C'est le Hongrois qui me ramène à la réalité, en me sermonnant gentiment. S'il est là, à Budapest, comme tous ses autres compatriotes, c'est parce qu'il ne peut pas partir pour fuir ce nuage nucléaire soviétique qui menace de les exterminer. Nous sommes peut-être tous en train de mourir, sans le savoir. Et toi, qui as un passeport français, non seulement tu es venu là de ton propre gré, mais tu envisages de te rapprocher encore plus de Tchernobyl en poursuivant ton voyage jusqu'à la Roumanie, qui accessoirement est l'une des pires dictatures d'Europe de l'Est.

Je suis un peu gêné, je l'avoue. La crainte d'être indécent plutôt que la peur de mourir me convainc finalement de modifier la trajectoire de mon voyage. Je décide donc de quitter Budapest. À la gare, je regarde les trains en partance pour savoir lequel part en premier. Va pour Zagreb. La Yougoslavie, c'est toujours le monde communiste, mais au moins ça m'éloigne un peu de Tchernobyl.

Une bombe

Tant qu'à mourir, autant que ce soit au bord de la mer. Après une courte étape à Zagreb, capitale croate sans charme particulier de la toujours communiste Yougoslavie de Tito, je poursuis en train jusqu'à Rijeka, la ville maritime la plus proche accessible par la voie ferrée. Rijeka n'est pas vraiment une destination touristique ou balnéaire. C'est avant tout un port et un chantier naval. Peu importe. La plage, c'est comme l'amour, c'est déjà parfois ennuyeux à plusieurs, mais alors tout seul, c'est carrément pathétique.

Comme je voyage généralement de nuit, pour économiser l'hôtel et ne pas trop m'ennuyer dans le train, j'arrive à Rijeka le matin. Le centre-ville n'est pas désagréable, avec ses petits immeubles peints et ses façades à moulures dans le style baroque viennois. Mais côté viennoiseries, ça s'arrête là. Les cafés sont plutôt austères et ne servent qu'un imbuvable jus de chaussette. Les magasins, quand on les trouve, s'avèrent achalandés avec d'improbables produits de marque locale ou en provenance des pays communistes amis, emballés dans des packagings aussi étranges que rébarbatifs. Un objet de curiosité et d'émerveillement pour le spécialiste de la communication publicitaire que je suis.

On est samedi. Je ne me vois pas passer la soirée tout seul dans ma chambre d'hôtel. Mais comment savoir où la jeunesse du coin se rassemble le samedi soir dans une ville où les enseignes, symboles d'un capitalisme abhorré, n'existent pas ? Aucune boîte à l'horizon. Pas même un simple bar de nuit. Pourtant, ces jeunes filles que je vois passer dans la rue, bien sapées et lourdement maquillées, vont à l'évidence quelque part. Mais où ? Je ne vois qu'une solution pour le savoir. J'en repère deux et je les suis discrètement. Pas dans l'idée de draguer ces deux-là en particulier, mais juste pour savoir où il pourrait bien y en avoir d'autres.

Trois rues plus loin, elles descendent quelques marches pour entrer dans un local en sous-sol. De fait, aucun panneau ne laisse soupçonner l'existence d'un établissement nocturne à cet endroit. Discothèque, maison de jeunes, soirée privée ? Impossible de le savoir sans essayer d'entrer. Je dois être le seul touriste en ville, je ne parle pas un mot de croate, et pas beaucoup mieux l'anglais, mais que faire ? Je ne suis pas arrivé jusqu'ici pour rebrousser chemin et rentrer à l'hôtel.

Les filles entrent. Il y a un jeune homme à l'entrée. Je ne sais pas si c'est pour vendre des billets ou pour refouler les inconnus comme moi. Qu'est-ce que je risque ? J'ai l'habitude, je me suis toujours fait virer de toutes les boîtes à Paris parce que je n'étais pas accompagné. Je m'avance vers le type, et je bredouille quelque chose. Il a l'air un peu étonné mais me laisser entrer sans problème.

C'est en effet une sorte de boîte, très petite, avec néanmoins une piste de danse au milieu. Je vais au bar, je commande un verre, et j'observe. Ils ont tous entre vingt et trente ans, et tout le monde a l'air de se connaître. Moi je ne connais personne, évidemment, et personne ne me connaît. Pas évident d'engager la conversation, même avec le barman. Pourtant l'ambiance est bon enfant. Les gens sont un peu intrigués par ma présence, mais plutôt curieux et amusés qu'hostiles.

Je ne sais plus où sont passées les filles que j'ai suivies et je m'en fous. Je commence à me demander ce que je fais là quand, dans une lumière un peu irréelle, je vois soudain une créature descendre les escaliers qui mènent à cette sorte de cave. En contreplongée, elle semble plutôt grande et elle est très mince. Elle a de long cheveux blonds cendrés et légèrement frisés. Elle n'est presque pas maquillée, mais deux traits noirs rendent encore plus dangereux ses yeux revolvers. Elle jette un regard un peu perdu sur l'assistance, en plissant légèrement ses yeux bleu-vert, ce qui ajoute à leur magnétisme. J'apprendrai plus tard que c'est parce qu'elle est un peu myope. Enfin, elle reconnaît quelques amis, les rejoint et se met à bavarder joyeusement avec eux. Je suis un peu rassuré, quoi que toujours très intimidé. Au moins, la fille aux yeux menthe à l'eau n'a pas l'air du tout mégalo.

Je suis toujours accoudé au bar et je la regarde, fasciné. Elle m'aperçoit et je vois bien que je l'intrigue. Je dois être le seul qu'elle ne connaît pas dans cette boîte, et on voit tout de suite que je ne suis pas du coin. Une fois de plus, je ne suis pas à ma place. Et c'est justement dans ces moments-là où je me sens le plus vivant. Je n'aurais que la piste à traverser. Mais pour proférer quelle banalité ? Et en quelle langue ? Je suis tétanisé, mais je sais que si je ne franchis pas ces quelques mètres pour aller lui parler, je m'en voudrai toute ma vie. J'ai traversé la moitié de l'Europe pour arriver jusqu'à cet endroit. On a réussi à me convaincre de m'éloigner d'une explosion nucléaire, mais je ne renoncerai pas à m'approcher de cette bombe. Je me lève de mon siège et, ayant renoncé à préparer une phrase toute faite, je me dirige vers elle, ne sachant pas du tout ce que je vais lui dire, et encore moins si elle va daigner m'écouter. Les deux secondes les plus longues de ma vie…

Le retour au travail, après cette idylle en Croatie, est un peu morose. Au-delà de ce conflit larvé avec la direction d'Ipsos, qui veut absolument faire de moi un cadre à plein temps, et rentable de surcroît, j'ai le sentiment d'être une nouvelle fois à la croisée des chemins. J'en sais maintenant assez en sémiotique pour ne plus faire tapisserie au séminaire de Greimas, mais je n'ai pas l'intention de passer ma vie entière à essayer de devenir un éminent spécialiste de cette discipline, de soutenir une thèse d'état sur un sujet abscons à plus de cinquante ans, tout ça pour finir chargé de cours dans une université de Province, après avoir intrigué pendant des décennies afin d'avoir ce poste qui couronnerait ma carrière à quelques années de la retraite. Je n'ai pas non plus envie de consacrer tout mon temps de cerveau disponible à l'École Sémiotique de Paris, ni de servir de secrétaire particulier à Greimas, comme son fidèle lieutenant Joseph Courtès qui, en remerciement des services rendus, s'est vu rabroué comme un gamin par son maître lors de sa soutenance à la Sorbonne.

La sémiotique appliquée est une expérience passionnante, mais au-delà de ce qu'on appelle désormais avec un certain mépris la théorie standard, la recherche en sémiotique peut vite devenir une quête aussi vaine que celle du Graal. La vraie vie est ailleurs, et je pense avoir atteint les limites de ce que pouvait m'apporter l'étude des sciences humaines en général. Pour légitimer ma présence à l'EHESS, j'ai dû valider à la va-vite un mémoire de DEA avec Greimas. Pour ce faire, je me suis contenté de reprendre une étude réalisée chez Ipsos pour le compte d'un laboratoire médical, sur un thème suffisamment complexe et ennuyeux pour ressembler à un sujet de recherche universitaire : l'analyse du discours des médecins sur la sénescence cérébrale. Mais c'est un sujet pour moi, ça, plaisante le vieux Greimas toujours malicieux. C'est une pure formalité, je ne présente même pas mon mémoire devant lui, il le valide probablement sans l'avoir lu, et me voilà avec mon DEA en poche, après une année passée à enseigner à des thésards.

Reste à me trouver un sujet de thèse, moi aussi. Cette fois je ne coupe pas à un entretien rapide avec le maître. Je lui parle d'une analyse comparée de la notion de valeur en économie et en linguistique. Il ne comprend pas trop où je veux en venir, fait mine de s'intéresser, me pose quelques questions pour la forme, et valide mon sujet. Me voilà tranquille de ce côté-là pour plusieurs années. J'ai quand même dû ne pas lui faire trop mauvaise impression car quelques semaines plus tard, j'apprends qu'il m'a bombardé sans me prévenir rédacteur en chef de la *Revue de sémiotique internationale* qu'il vient de créer. C'est sans doute parce que personne ne refuse ce genre d'honneur qu'il n'a pas jugé utile de me demander mon avis. Je flaire le piège encore une fois, et je refuse.

Peu de temps après, Greimas sera d'ailleurs rattrapé non pas par la sénescence cérébrale, mais par un cancer de la gorge. Il faut dire qu'il fume Gitane sur Gitane depuis toujours. Il revient quelques mois plus tard avec un foulard cachant une cicatrice, fumant toujours ses Gitanes, mais cette fois avec bouts-filtres. Il n'a rien perdu de ses facultés intellectuelles, mais c'est déjà la fin de la route pour lui. Et le début d'une autre route pour moi. Reste à trouver laquelle.

Démissionner d'Ipsos, oui, mais pour quoi faire ? Et comment gagner ma vie en conservant un minimum d'indépendance ? Je ne veux ni être cadre, ni être chercheur. Je pourrais toujours bosser comme sémiologue free-lance dans le domaine de la publicité et du marketing, mais pour l'instant, je veux réaliser un autre rêve que le début chaotique de mes études universitaires ne m'a pas encore permis d'accomplir : partir pour un an dans une fac à l'étranger.

Nous sommes fin juin. Je me renseigne à la hâte sur les organismes proposant des programmes d'échanges, et j'en trouve un du côté du Jardin du Luxembourg. Je m'y rends un mercredi en fin d'après-midi, sans rendez-vous, plein d'espoir mais sans trop d'illusion. Le petit bureau s'apprête à fermer. Une femme accepte de me recevoir et je lui explique ma demande. Elle me rappelle que nous sommes en juin, que tous les dossiers pour l'année scolaire suivante sont déjà bouclés depuis longtemps, et que si ma candidature était acceptée, ce ne serait au mieux que pour un départ l'année d'après. Je ne me projette pas aussi loin. Maintenant que j'ai décidé de démissionner d'Ipsos, je sais que je ne tiendrai plus très longtemps là-bas. Je veux partir tout de suite. Elle semble avoir une idée derrière la tête et me la soumet. Elle vient d'avoir une défection pour un poste de lecteur à Austin au Texas, et elle cherche un remplaçant en urgence. Il faut être là-bas à la mi-août, car l'année universitaire commence très tôt aux États-Unis.

Lecteur ? Ça veut dire quoi ? Je n'ai été qu'un élève de seconde langue médiocre au lycée, je ne parle donc presque pas un mot d'anglais. Je comptais partir aux États-Unis pour apprendre la langue, pas pour enseigner. J'essaie de me rassurer. Les quelques lecteurs que j'ai croisés dans le secondaire ou à l'université n'avaient pas vraiment charge de cours. C'était des étudiants venus en France pour compléter leur cursus. En l'échange d'une bourse, on les exhibait de temps en temps dans les classes comme des animaux de foire, et on les faisait parler un peu pour montrer aux élèves, habitués à l'accent de merde de leur prof, à quoi ressemblait vraiment l'anglais quand il est parlé par un autochtone. Ils nous racontaient de façon informelle la vie dans leur pays d'origine, on leur posait quelques questions idiotes, ils répondaient de la même façon, et on les renvoyait à leurs chères études. La femme que j'ai devant moi n'est pas capable de me donner beaucoup de précisions sur la nature du poste. Ou bien elle préfère ne pas m'en dire trop pour ne pas m'effrayer. Elle n'est même pas en mesure de me dire si je serai payé, et combien. Peu importe, j'ai réussi à faire quelques économies qui me permettront de tenir quelques mois, après on verra. Ce qui est sûr, c'est que si elle n'envoie pas un remplaçant à Austin, l'étudiant américain participant à cet échange ne pourra pas non plus venir en France, et l'organisme y perdra une partie de son crédit.

Le niveau requis en anglais pour partir doit être validé par un Test of English as a Foreign Language. Je préfère jouer franc-jeu. Je ne parle pas un mot d'anglais, je vais rater le test. Ne vous inquiétez pas, me dit-elle. Vu les délais, les résultats du TOEFL tomberont quand vous serez déjà au Texas. Ils ne vont pas vous renvoyer pour ça. Très rassurant en effet. En quelques jours, mon dossier est bouclé. Je passe le test deux semaines plus tard. De fait, quand je recevrai les résultats à Austin, il s'avérera que je n'ai pas du tout le niveau. Mais comme elle l'avait prévu, on ne me renverra pas chez moi.

Pour assurer mes arrières au cas où, je préfère conserver le studio que j'ai enfin pu louer rue Daguerre grâce à mes feuilles de paie de jeune cadre dynamique. Une amie étudiante accepte de le sous-louer pendant un an. Cette fois, c'est mon tour : c'est moi qui pars !

Il ne me reste plus qu'à démissionner de mon boulot et à acheter un billet d'avion. L'avion, je ne l'ai pas encore pris très souvent dans ma vie. Et jamais pour traverser l'Atlantique. D'ailleurs, c'est où le Texas ? Je regarde sur une carte. C'est à la frontière avec le Mexique. Je ne trouve guère de détails concernant Austin. Dans l'encyclopédie que je consulte, car internet n'existe pas encore, on mentionne juste la tour de l'université, où quelques années auparavant un sniper s'était retranché pour tirer sur ses petits camarades, faisant plusieurs victimes. Il y a une photo de la tour. Ça a l'air sympa, le campus d'Austin… Après tout, moi aussi je suis un franc-tireur, et j'ai envie de tirer sur tout ce qui bouge.

Paris Texas

Austin, c'est un peu le bout du monde. En tout cas, pour y arriver, je dois changer trois fois d'avion. Des avions de plus en plus petits, à mesure que je me rapproche de ma destination finale. Pour une raison que j'ignore, nous commençons par rester une bonne heure cloués au sol sur le tarmac de Roissy après avoir embarqué. Ce sera le début d'un long périple. Correspondance à Londres, avant d'attaquer la traversée de l'Atlantique. Ce n'est pas un vain mot pour moi. À plus de trente ans, je n'ai encore pris l'avion qu'entre Paris et quelques capitales européennes. Et encore pas très souvent. Cinq siècles après Christophe Colomb, je découvre donc l'Amérique. Et un an avant Claude Nougaro, j'atterris à New York. Dès l'aérogare, comme lui, je ressens le choc.

En principe, moi, je n'étais pas supposé aller plus loin que l'aérogare. New York ne devait être qu'une escale mais, sans doute en raison du retard accumulé, l'avion qui doit nous emmener jusqu'à Houston n'est pas là. La compagnie, royalement, nous offre quelques heures de repos dans un hôtel à proximité de l'aéroport. Compte tenu du décalage horaire, et de l'ambiance lunaire qui règne dans cette banlieue aéroportuaire, je ne sais déjà plus quel jour on est, et sur quelle heure régler ma montre pour être sûr de ne pas rater mon prochain avion. Autant dire que je ne dors pas beaucoup, et que je ne vois pas grand chose non plus de la grosse pomme.

Les taxis jaunes qui m'amènent à l'hôtel avant de me ramener à l'aéroport, en empruntant de gigantesques échangeurs autoroutiers, me rappellent néanmoins que je suis bien aux États-Unis. Je suis sur un autre continent, totalement inconnu, je suis seul, et je ne parle que quelques mots d'anglais. Christophe Colomb, lui, il n'était pas tout seul.

J'arrive enfin à Houston, et j'ai encore l'impression d'avoir changé de monde. L'aéroport de New York était plutôt sale, et totalement bondé. Celui de Houston est flambant neuf, on mangerait sur les dalles de marbre qui recouvrent le sol, et il n'y a presque personne dans le hall et sur les tapis roulants. Je croise quelques hommes d'affaires coiffés d'un Stetson. Dallas et son univers impitoyable ne sont pas loin. Désormais, je vais vivre dans une série américaine.

C'est un avion minuscule qui nous emmène à Austin. Il vole à très basse altitude, il n'y a aucun nuage en ce mois d'août, et on distingue parfaitement le sol. Ce qui me frappe d'abord, ce sont les milliers de piscines qui scintillent un peu partout, pratiquement une pour chaque maison.

L'aéroport d'Austin est encore plus petit que celui de Houston. Je suis arrivé, enfin, mais je ne sais absolument pas où aller. C'est dimanche, je crois. Ou lundi, plutôt. Par précaution, j'arrive bien avant la date de la rentrée à l'Université d'Austin. Le passage de la climatisation du hall de l'aéroport à la fournaise du dehors est brutal. C'est peu de dire qu'il fait chaud au mois d'août à Austin. Je ne saurai jamais exactement quelle température il fait, malgré les panneaux qui l'indiquent un peu partout, car c'est affiché en degrés Fahrenheit, et que je n'ai pas de calculette sur moi pour convertir ça en Celsius. Mais pour vous donner une idée, Austin est à peu près à la même latitude qu'Agadir. Moi ça ne m'avance pas beaucoup, je ne suis jamais allé à Agadir, encore moins au moins d'août.

Personne ne m'attendait à l'aéroport avec une petite pancarte Jean-Pierre Martinez. Et personne ne m'attend ailleurs avant une bonne semaine. Je monte dans un taxi et je lui demande de me conduire à un hôtel pas trop cher en centre-ville. À supposer que le mot centre-ville ait vraiment un sens dans une ville américaine. Le taxi me dépose devant un motel sur Congress Avenue, à trois kilomètres environ du campus. C'est là où, pour la première fois depuis presque trois jours, je peux enfin poser mon sac et, en me rasant, prendre le temps de réfléchir à la merde dans laquelle je me suis volontairement fourré.

J'avais un boulot, un logement, une famille malgré tout, une petite amie même si elle était restée en Croatie… Je suis seul dans un motel glauque au Texas. Il doit faire 15 degrés dans la chambre et pas loin de 50 dehors. Je n'ai absolument aucun contact ici hormis le nom du Directeur du Département de Français, dont j'ai toutes raisons de supposer qu'il a autre chose à faire que de s'occuper de moi. Dans une semaine, je prends mes fonctions en tant que lecteur, sans savoir ce que j'aurai à faire exactement et si je serai vraiment payé pour ça.

Le motel est au milieu de nulle part. Je décide d'aller en reconnaissance à pied du côté de l'université. Il fait une chaleur à crever. Je passe devant le congrès, copie conforme, en plus petit, de celui de Washington. Le campus commence un peu plus loin derrière. En réalité, l'université d'Austin, c'est une ville dans la ville. Plus de 300 hectares, 50.000 étudiants, des musées, une banque, des puits de pétrole, et même un réacteur nucléaire. Cependant, la ville étant plutôt calme et aérée, avec très peu de buildings, et le campus étant très verdoyant, on a l'impression d'être dans un grand parc.

Le French and Italian Department est un bâtiment autonome, assez grand, d'architecture néo quelque chose. On est dans un pays neuf, et dans un État, le Texas, qui l'est encore plus. Rien à part les gratte-ciel ne saurait donc être d'époque. On est en plein mois d'août, le campus est désert, je ne sais même pas s'il y a quelqu'un dans ce bâtiment ou même s'il est ouvert. Mais je n'ai parlé à personne depuis mon arrivée aux États-Unis il y a trois jours, à part quelques mots échangés avec des douaniers, des hôtesses de l'air ou des chauffeurs de taxis. Je ne me vois pas retourner dans ce motel sans avoir au moins essayé de parler à quelqu'un. Qu'est-ce que je risque ?

Je pousse la porte. C'est ouvert. Au bout d'un couloir, je trouve le secrétariat du Directeur, et à l'intérieur deux jeunes femmes, une blonde et une brune. La brune parle français, l'autre pas. Je me présente. Elles sont charmantes avec moi, et je me sens tout de suite un peu moins seul. Hélas, le directeur n'est pas là. Elles vont le prévenir. Je pourrai le voir demain. La brune s'en va. La blonde s'inquiète de savoir où je vais dormir. Je lui explique. Elle semble avoir pitié de moi, ou bien c'est mon charme français qui opère déjà. Elle m'invite à pique-niquer avec elle le soir-même sur les hauteurs du Colorado. Mon premier pique-nique au Texas. Ce sera aussi le dernier. Le coucher de soleil est magique. Pour voir la meilleure part du Texas, il faut lever les yeux au ciel.

Jane, c'est son nom, est d'une extrême gentillesse et d'une grande douceur. Elle me raconte un peu sa vie, comme si nous étions de vieux amis. Un peu de réconfort après ce long périple depuis Paris où j'ai laissé tous mes repères. Paris Texas. J'ai l'impression d'être dans un film. Je garderai cette impression tout le temps que durera mon séjour aux États-Unis.

PSYCHOSE

Le lendemain matin, je retourne à l'université pour rencontrer le Directeur du Département de Français. Il s'appelle Jean-Pierre, comme moi. Il doit avoir des origines françaises, et il parle parfaitement notre langue, sans aucun accent. C'est donc en français que nous échangeons. Au moins, il ne s'apercevra pas tout de suite de mon niveau catastrophique en anglais. Il est très courtois et, malgré la distance qu'impose sa fonction, il se montre attentionné. Je m'attendais à un entretien d'embauche, sa première question est pour savoir où je loge. Je lui parle du motel sur Congress Avenue. Il me regarde avec un air inquiet, comme si je venais de lui annoncer que j'étais descendu dans le motel de *Psychose*. Il décroche immédiatement son téléphone pour appeler un de ses lecteurs français qui enseigne ici depuis plusieurs années. Après avoir raccroché, il m'informe que le type arrive tout de suite. Pas question que je passe une nuit de plus dans ce motel.

Mon compatriote m'accompagnera en voiture récupérer mes affaires, et je dormirai quelques jours chez lui le temps de trouver un logement, ce qui au Texas ne semble pas être un problème. Je n'aurai passé qu'une seule nuit à l'hôtel, et je suis désormais placé sous la protection de la communauté française d'Austin. De fait, deux jours plus tard, j'emménage dans le confortable studio qu'on m'a aidé à trouver à proximité du Département de Français. L'appartement est déjà à peu près meublé. J'y pose mes deux sacs en arrivant. Je les reprendrai en partant deux ans plus tard. Je ne suis pas du genre à m'installer pour si peu de temps.

Je sais maintenant qu'être lecteur, c'est tout simplement être professeur de français pour débutant à l'université. J'aurai seul la charge de deux classes, à raison de deux séances pour chacune par semaine. Je serai en totale autonomie, devant des étudiants ne parlant pas un mot de français, moi qui en sais à peine plus en anglais, et qui n'ai jamais été professeur de langue. Les résultats de mon test TOEFL, qui tomberont quelques semaines plus tard, confirmeront d'ailleurs mon incompétence. Je n'ai aucune légitimité pour occuper cette fonction. Je suis à nouveau un imposteur, et j'appréhende évidemment le moment où pour la première fois je vais devoir faire face à des étudiants pas forcément motivés et peut-être indisciplinés.

Le moment fatidique arrive. L'université est riche, les droits d'inscription très élevés, et les étudiants désireux d'apprendre le français ne sont pas légion. Les classes sont donc loin d'être surchargées, une petite vingtaine d'étudiants en moyenne. Aucun problème de discipline, c'est déjà ça. Ils ont entre dix-sept et vingt-cinq ans pour la plupart. Certains plus âgés, qui reprennent leurs études après une interruption pendant laquelle ils ont travaillé pour payer les frais de scolarité faramineux dans cette université pourtant publique. Ils sont généralement issus de milieux favorisés, mais les moins fortunés doivent malgré tout travailler pendant leurs études. Les filles le plus souvent comme serveuses dans les nombreux bars et restaurants d'Austin, réputée pour être une *party town*, c'est-à-dire une ville très animée où on peut faire la fête, notamment la nuit. Bref, ces étudiants ont payé cher le droit d'être dans ma classe, et ils ne viennent pas pour bavarder ou foutre le bordel. Ou alors ils sont juste bien élevés. Quoi qu'il en soit, ils ne sont pas vraiment là pour apprendre le français, mais d'abord pour valider une unité de valeur qui contribuera à l'obtention de leur diplôme.

En classe, je fais de mon mieux, avec un engagement total pour compenser mon incompétence. J'ai donc tendance à préparer davantage mes cours que les autres lecteurs, plus habitués que moi à l'enseignement, plus à l'aise en anglais et sans doute un peu plus flemmards. En quelques jours, je connais les prénoms de tous mes étudiants par cœur. Je ne reste jamais assis à mon bureau, et je leur pose des questions simples, préparées d'avance, auxquelles ils doivent apporter des réponses simples, leur permettant ainsi d'acquérir les notions au programme. Ça a l'air de marcher. Ils ont l'air contents, même s'il m'arrive très souvent de ne rien comprendre du tout quand par malchance ce sont eux qui me posent une question. Ils se montrent cependant très bienveillants à mon égard. Ils sont très respectueux du professeur que je suis pendant la classe mais, le cours terminé, certains se montrent amicaux, proposant de me faire découvrir les joies de la vie étudiante à Austin. Je décline tout d'abord, craignant de me mettre dans une position délicate. Mais je suis à peine plus âgé que certains d'entre eux, et je sens que ça va vite devenir compliqué de garder très longtemps la bonne distance.

Si en effet la plupart ne s'intéressent pas au français, ce Français les intrigue. De mon côté, mes étudiants sont les seuls Américains avec lesquels j'ai la possibilité d'avoir un échange. Le Département de Français est un petit bout de France, et ceux qui le fréquentent parlent exclusivement la langue de Molière. La quinzaine de lecteurs en poste, pour commencer, qui ne vont pas se mettre à parler anglais entre eux, et tous les autres enseignants de nationalité américaine, qui en profitent pour pratiquer. En dehors du Département de Français, les lecteurs, et au-delà la communauté française d'Austin, forment une grande famille. Le week-end, il y a toujours une fête quelque part, où nous sommes tous conviés. Si l'un d'entre nous a un problème, il sait qu'il peut compter sur tous les autres. Mais à l'inverse, on ne peut rien faire sans que tout le monde soit au courant, et décliner une invitation peut vite être considéré comme un geste inamical. Comment espérer améliorer mon anglais si je suis en permanence avec des Français ? Si je veux revenir en ayant appris quelque chose sur l'Amérique et sur les Américains, il va bien falloir que j'accepte les invitations de certains de mes élèves à sortir avec eux en dehors des cours. Une pente qui peut vite s'avérer dangereuse…

Avant de céder à la tentation coupable de nouer avec mes étudiants, voire mes étudiantes, des relations extra-scolaires, je décide d'explorer davantage les possibilités de sorties, autres qu'en groupe, avec mes compatriotes du Département de Français, en privilégiant ceux qui sont installés sur place depuis plusieurs années déjà, et qui sont donc mieux intégrés dans la société américaine. Il y a parmi eux un garçon un peu plus âgé que les autres, c'est-à-dire plus ou moins de mon âge, Charles, qui termine une thèse en littérature, alors que la plupart des autres lecteurs français ne sont là que pour un an, en faisant une pause dans leurs études. Lui, au moins, garde comme moi quelques distances avec la communauté française.

Il vit pas très loin du campus dans ce qu'on appelle là-bas une *coop*, c'est-à-dire une maison collective où chacun a sa chambre, mais où les tâches ménagères sont gérées collectivement à tour de rôle selon un planning bien précis. Même si ce mode d'hébergement ne conviendrait pas du tout à mon caractère individualiste, je trouve le concept amusant. La plupart des pensionnaires sont des étudiants étrangers, mais peu d'entre eux sont français. Il y a là entre autres une Allemande qui ressemble à Hanna Shygulla au temps de sa splendeur. En attendant de pouvoir me rapprocher d'elle, et je parviendrai par la suite à m'en rapprocher de très près, je dois me contenter de sortir avec Charles, qui la connaît bien. Charles est le seul Français sur le campus à avoir déjà entendu parler de sémiotique, et le seul aussi avec qui je puisse disserter sur autre chose que le meilleur endroit en ville pour manger tex-mex ou écouter de la country. Charles présente aussi un énorme avantage, en dehors du fait d'être l'ami du sosie de Hanna Shygulla : il a une voiture, et qui plus est une américaine des années 60.

Charles me propose de partir en week-end avec lui à Houston, ville dont je n'ai vu que l'aéroport, et où il a des amis. C'est l'occasion pour moi de faire un petit voyage dans cette belle américaine en compagnie d'un type que je connais bien, et qui au moins a de la conversation. Nous voilà partis pour Houston. À mi-distance, dans une ligne droite, ce qui n'est pas une précision très nécessaire dans ce pays qui compte sans doute le moins de tournants au monde, nous entendons résonner derrière nous la sirène d'une moto de police. Comme dans un film, le motard nous dépasse et nous fait signe de nous arrêter. Nous obtempérons, évidemment. Il descend lentement de sa moto et comme au ralenti, s'approche de notre voiture. Charles a déjà baissé la vitre. Le policier est impeccablement mis, les bottes bien astiquées et la moustache bien taillée. Je m'attends déjà à ce qu'il nous demande de descendre du véhicule, et qu'il nous fouille au corps avant de nous passer les menottes et de nous tabasser avec sa matraque. Il se contente très poliment de demander au conducteur ses papiers et ceux de son véhicule. Après quoi il lui donne du Charles pour lui demander toujours avec une extrême courtoisie s'il avait une raison particulière d'être en excès de vitesse. Comme je ne suis pas une femme enceinte et que je n'ai pas encore de contractions, Charles est bien obligé de reconnaître qu'il n'a aucune excuse. Le policier hésite un instant. Nous ne sommes pas noirs, et la nationalité inscrite sur nos passeports ne nous range pas parmi les ennemis de l'Amérique, sauf quand elle veut raser l'Irak sous un prétexte fallacieux. Finalement, le type nous sermonne un peu, rend son permis à Charles, et nous souhaite bonne route en nous engageant à rouler prudemment. Il enfourche sa moto et repart comme il était venu.

Franchement, rien que pour voir ça, ça valait presque l'amende à laquelle nous venons d'échapper. Je pousse malgré tout un soupir de soulagement. J'ai évité le pire. Enfin c'est ce que je crois. Peut-être émoustillé par ce motard moustachu qui avait l'air de sortir d'une boîte gay de San Francisco, Charles me livre quelques détails sur la destination, pour ne pas dire le but, de notre petit voyage. Les amis chez qui nous allons sont tous homosexuels, me dit-il. J'espère que ça ne te gêne pas. Je le rassure aussitôt sur mon extrême tolérance à l'égard de tous les types possibles d'orientation sexuelle, mais c'est moi qui maintenant suis à nouveau inquiet, en prenant soudain conscience de tout ce qui aurait dû me sauter aux yeux depuis longtemps. Ce que je prenais chez Charles seulement pour de la sophistication aurait aussi bien pu me laisser penser qu'il était un peu efféminé. Et il me semble à présent évident que s'il a autant d'amis homosexuels, c'est qu'il l'est aussi. Évidemment, ça ne me dérange en rien qu'il soit homo. La question c'est plutôt de savoir si lui ça le dérange que je ne le sois pas. Ai-je vraiment fait quelque chose pour lui donner à penser que ce trip à Houston pourrait être un week-end romantique ? Je juge utile de lui préciser que si je ne suis en rien homophobe, je ne suis pas non plus homosexuel. Il me sort alors du tac au tac la phrase qu'on a coutume de servir aux enfants pour les faire bouffer des épinards ou des blettes : « Comment est-ce que tu peux savoir que tu n'aimes pas ça si tu n'as jamais essayé ? » Je reste un instant sans voix avant de trouver comment répondre à cet argument-massue. C'est vrai, il y a des tas de choses que je n'ai encore jamais faites. Mais tant qu'à faire, pourquoi ne pas commencer par essayer celles qui me font envie ? Et en matière de sexualité, bizarrement, maintenant que j'ai enfin pu expérimenter sur le tard l'amour avec une femme, je serais davantage tenté par une expérience avec plusieurs plutôt qu'avec un homme.

S'il garde le silence, il ne semble pas avoir renoncé à me convaincre, et je ne suis guère plus rassuré. Hélas, impossible de faire machine arrière. Nous arrivons à Houston, qui se trouve à près de 300 kilomètres d'Austin. Je suis dans sa voiture, et je n'ai aucun autre endroit où dormir que la « Cage aux Folles ». Ce n'est d'ailleurs pas la première fois que je me fourre à mon insu dans ce genre de situations pour le moins ambigües. Comme je n'ai pas d'affinités particulières avec les machos, et que je préfère parler de littérature que de voitures, je sympathise plutôt avec des hommes raffinés et sensibles… qui s'avèrent parfois être homos sans que j'en prenne conscience avant qu'il ne soit trop tard.

Je sens que le week-end va être long, mais il y a pire. Si j'ai décidé de sympathiser avec Charles, c'est aussi pour me rapprocher du sosie d'Hanna Schygulla, sa colocataire à la *coop*. Que va-t-elle penser de moi en apprenant que je suis parti passer le week-end en amoureux à Houston avec son ami homo ? Parfois je me demande si ce ne serait pas plus simple que je devienne homosexuel moi aussi. Et si c'était Charles qui avait raison ? C'est vrai que les blettes, finalement, j'aime bien ça. Les blettes, oui, mais alors les tripes ? Je crois que je ne suis pas encore prêt…

Fort Alamo

Comme tout le monde me prend pour le petit ami de Charles, la joyeuse bande de folles latino-américaines qui remplissent la maison me laisse plus ou moins tranquille. C'est déjà ça. On nous a mis tous les deux dans la même chambre, mais Charles semble s'être enfin résigné : je suis irrémédiablement hétéro. Je suis d'ailleurs le seul parmi la trentaine de gays ou de travestis rassemblés ce soir-là pour fêter je ne sais quoi, et je fais pour la première fois de ma vie l'expérience difficile d'appartenir à une minorité sexuelle.

Je reviendrai toutefois sain et sauf de ce week-end très gai à Houston. De retour à Austin, dans sa *coop*, Charles aura le bon goût de raconter ma mésaventure à son amie allemande, elle en étouffera de rire, et cela ne fera que favoriser notre rapprochement franco-germanique. Il paraît que les femmes, il faut les faire rire. Et pour ça j'ai pas mal de dispositions. Je n'ai aucun mérite, le plus souvent c'est involontaire, et parfois même à mes dépens. Mon aventure avec le sosie d'Hanna Schygulla tournera court, cependant. Elle a laissé un petit ami à Düsseldorf, et il doit venir lui rendre visite bientôt à Austin.

Ayant sagement pris quelques distances avec Charles et la communauté gay, je suis donc à nouveau livré à moi-même. Quelques-uns de mes étudiants me proposent avec insistance des *afters* après la classe. Je ne peux plus refuser sans être grossier. Ça commence par des verres dans les bars de la ville. Ça se prolonge chez l'un ou l'autre. Ils fument tous du cannabis, parfois en compagnie de leurs propres parents. Ils m'en proposent. Par politesse, je ne peux pas refuser. Histoire de les initier un peu à la culture française, je leur montre comment on roule un joint conique dans notre pays. Eux roulent de simples cigarettes toutes droites. Ça leur semble aussi exotique qu'un jambon-beurre comparé à un hamburger. Pour l'anniversaire de l'un d'entre eux, on me demande de rouler un joint géant à la française, avec une dizaine de feuilles. Je m'exécute encore, par courtoisie. Malheureusement ou pas, les smartphones n'existent pas encore, et il n'y a pas de photos pour immortaliser l'image de cet énorme joint digne de figurer dans le livre des records.

J'ai conscience de jouer avec le feu. On pourrait me mettre en taule ou en tout cas me renvoyer de l'université pour avoir dévoyé ces jeunes heureusement tous majeurs, alors que c'est eux qui me débauchent. Je pars plusieurs fois à San Antonio avec un de mes étudiants d'origine irlandaise. Avant de partir en soirée, son père lui passe les clefs de sa voiture de collection, dont la principale originalité est de ne pas avoir de boîte automatique, et son American Express. On fait la tournée des bars, et on rentre vomir chez lui à pas d'heures. Le lundi matin, je retrouve devant moi en classe ces étudiants avec qui j'ai fumé ou bu la veille. Ils restent pourtant toujours d'une extrême courtoisie, et n'essayeront jamais d'en tirer avantage.

Tout de même, ça commence à craindre. Et puis ce genre de soirées, ce n'est plus du tout mon truc depuis une bonne dizaine d'années. Je juge plus prudent de lever le pied avec les étudiants. Mais je suis également très sollicité par certaines étudiantes… Plusieurs me proposent carrément ce qu'on appelle là-bas un *date*, une sorte de rendez-vous amoureux obéissant à des règles assez mystérieuses pour un French Lover. En gros, ça relève plus de l'entretien d'embauche que du rendez-vous romantique, mais pour une fois, c'est moi qui suis à mon corps défendant du côté de l'employeur potentiel.

Chaque semestre, au moins deux étudiantes par classe, toutes majeures je le précise, me proposent un de ces *dates*. Je ne peux pas toujours décliner, mais je n'embauche pas, craignant à juste titre de me trouver dans une position très inconfortable le lendemain en classe, par rapport à l'heureuse élue, et encore plus par rapport à celle dont je n'aurais pas retenu la candidature, et qui pourrait se montrer jalouse. Ignorant tout des coutumes locales, je ne sais pas si ces sollicitations permanentes sont dues à mon charme en particulier, qui n'avait pourtant pas l'air d'opérer beaucoup à Paris, ou à un attrait pour les Français en général.

Un jour je vais dîner avec des amis dans un restaurant tex-mex. Le personnel est principalement composé d'étudiants et surtout d'étudiantes qui travaillent le soir pour payer leurs frais de scolarité exorbitants. L'addition arrive. Il y a quelques mots écrits dessus à la main en mauvais français : « Pour l'homme à lunettes, une admiratrice ». Étant le seul à table à porter des lunettes, je suis bien obligé de supposer que ce mot doux m'est destiné. C'est un garçon qui nous apporte la note. Comme c'est signé une admiratrice, j'en conclus qu'il ne s'agit pas d'une de mes nouvelles conquêtes masculines, mais plutôt de la serveuse qui est restée derrière le bar.

Comment résister à une telle déclaration ? Et au moins, celle-là, je ne l'aurai pas demain devant moi en classe. J'aurai héroïquement résisté pendant des mois, mais aucun bastion n'est imprenable, et ce restaurant mexicain sera mon Fort Alamo. Elle me donne son nom, en me précisant de façon très romantique que son numéro se trouve dans l'annuaire. C'est là que j'irai le chercher. On dînera une fois ensemble, et quand je la raccompagnerai jusqu'à sa porte, elle me gratifiera d'un french kiss. Sans doute pour me remercier d'avoir payé l'addition. Notre aventure n'ira pas plus loin. Cette fois, c'est ma candidature qui n'a pas été retenue. Aujourd'hui encore, je reste très perplexe sur la façon de nouer une relation amoureuse avec une Américaine…

ALPINE

Quand jusqu'à l'âge de trente ans, comme moi, on n'a jamais quitté la France que pour visiter les pays limitrophes, on se lève le matin avec des repères géographiques bien établis. Au Nord les Pays du Nord, au Sud les Pays du Sud, à l'Est les Pays de l'Est, à l'Ouest l'océan et au-delà de l'océan des terres qu'on ne connaît que par la télévision, le cinéma, les livres ou les journaux. Des lieux mythiques comme le Texas et ses fameux champs de pétrole, dont on ignore s'ils existent vraiment en dehors du feuilleton Dallas. Oui, on peut dire qu'en ce qui concerne le Texas, l'essence précède l'existence.

En me réveillant chaque matin, à Austin, il me faut quelques instants pour intégrer ces nouveaux repères. En haut un pays immense, l'Amérique profonde, dont je ne connais que les contours, puis un autre pays encore plus grand, le Canada, dont je ne connais rien. À droite Houston, d'où partent les fusées pour la Lune ou pour Mars. À gauche, très loin, la Californie, et au-delà un océan inconnu. En bas le Mexique, plus proche dans tous les sens du terme, et qui curieusement me semble plus familier. Pour commercer on y parle espagnol, la langue d'une partie de mes ancêtres. Mais surtout, le Mexique s'inscrit bien davantage que les États-Unis dans une histoire ancrée au plus profond de l'architecture de ses villes.

Austin, la capitale du Texas, a été fondée vers le milieu du XIXème, et son édifice le plus ancien encore debout, une simple masure, doit dater de 1898, une plaque étant là pour nous signaler l'existence de ce monument historique. En France au contraire, et sur le vieux continent en général, l'histoire se donne à voir partout où se porte le regard. Pas un village sans son église du Moyen-Âge. Pas une bourgade sans son château-fort. Pas une ville sans ses hôtels particuliers de la Renaissance. Pas une grande ville sans son amphithéâtre romain. Et même à la campagne, pas une ferme sans son chêne multi-centenaire. Le paysage européen est un palimpseste, et on ne risque pas d'oublier d'où l'on vient tant les couches successives sont encore apparentes.

Aux États-Unis, et plus encore dans ces États neufs comme le Texas, rien de tout cela. On s'émerveille en France de La Défense, îlot de modernité qui fait exception. Aux USA, la modernité est la règle, et tous les downtowns ressemblent à La Défense. Austin, c'est Cergy-Pontoise, dans un État grand comme la France où n'existent que des villes nouvelles. Après quelques mois, cette absence totale de profondeur historique et cette modernité uniforme, y compris lorsqu'elle singe les styles du passé, devient insupportable pour un Européen. Il m'est arrivé d'aller dans un des quelques musées de la ville, non pas pour admirer leurs collections, mais dans le seul but de voir n'importe quelle croûte pourvu qu'elle ait plus d'un siècle.

Le Mexique est donc le pays le plus proche du Texas qui soit doté d'une véritable histoire pré-coloniale ayant laissé des traces monumentales comme les pyramides, et où les colons en l'occurrence espagnols aient laissé fortement leur empreinte partout en bâtissant églises et cathédrales, monastères et couvents, palais et forteresses.

À l'université, aux États-Unis, les vacances de Noël durent un mois. Je n'avais aucune envie de rentrer en France comme certains de mes collègues lecteurs, déjà victimes du mal du pays. Je décide d'aller au Mexique, pour renouer avec la civilisation. J'ai par ailleurs l'adresse à Mexico d'une étudiante que j'ai croisée au séminaire de Greimas, et qui était aussi une de mes élèves de l'Atelier de Sémiotique Publicitaire.

Au plus près, la frontière nord du Mexique est à moins de 300 kilomètres d'Austin. Mais les Américains, et notamment les étudiants, qui se rendent dans ce pays vont le plus souvent au sud, dans le Yucatan, pour profiter des plages paradisiaques. Ils ne voient du pays que l'aéroport de Cancún et les hôtels de luxe à prix bradés de la côte. Les seuls Mexicains parfaitement anglophones qu'ils rencontreront jamais sont les serveurs qui leur apportent leurs cocktails et les femmes de ménage qui nettoient leur vomi après leurs beuveries. Par esprit de contradiction, je décide d'attaquer le Mexique par le Nord, et par la voie terrestre, sans aucune réservation d'hôtel, bien sûr.

Lorsque j'annonce mon projet à mes étudiants, ils tentent d'abord de me décourager. Le Nord du Mexique n'est pas une région touristique, c'est la partie la plus dangereuse du pays, et faire autre chose que de la survoler est une folie. Bref, ils ne connaissent personne qui soit revenu vivant d'un tel voyage. Sans doute parce qu'ils ne connaissent personne qui ait eu l'idée saugrenue de l'entreprendre. Je persiste et, après avoir consulté la carte, j'opte pour un itinéraire théorique au moins jusqu'à la frontière mexicaine. Après j'improviserai.

Le bus qui va d'Austin à Los Angeles passe par une petite ville au nom étrangement familier et bucolique, Alpine. Il me vient l'image d'une station de montagne helvétique. Ça m'inspire confiance, et c'est à moins de 100 kilomètres de la frontière située à Ojinaga. Je n'ai pas d'information particulière sur les correspondances, mais il doit bien y en avoir une. Je monte dans le bus de Los Angeles en fin d'après-midi et vers minuit, le bus s'arrête en rase campagne devant un panneau Alpine.

J'hésite à descendre. Il fait nuit noire, et l'arrêt de bus n'est pas éclairé. Je ne vois pas de montagnes qui pourraient ressembler aux Alpes, et pire encore, je n'aperçois pas non plus la moindre maison. Vous êtes sûr que c'est ici ? C'est bien là, me confirme le chauffeur. Et le bus pour la frontière ? Oui, il y en a un, mais il part à 17 heures. Vous ne préférez pas continuer jusqu'à Los Angeles ? J'hésite encore une seconde, mais comme d'habitude, je choisis le saut dans la nuit et dans l'inconnu. Je descends du bus avec mon petit sac. Le bus repart. Je suis seul en pleine nuit au milieu de nulle part, et personne au monde ne sait que je suis là…

RIO GRANDE

Je n'ai pas le choix, je ne peux pas rester planté à cet arrêt de bus dans le noir complet en attendant que le jour se lève. Je marche sur la route en espérant trouver l'entrée de la ville, et je finis par apercevoir quelques habitations. En fait, Alpine ressemble plus à une station-service avec quelques maisons autour, qu'à une station de ski des Alpes. Les commerces sont rares, et évidemment tout est fermé. Il n'est pas loin d'une heure du matin, et le bus qui pourrait m'emmener jusqu'à la frontière mexicaine est à 17 heures. Je ne vais pas passer toute la nuit à errer dans les rues désertes de cette ville-fantôme, sans parler de la journée du lendemain. Tant pis, je repère la direction d'Ojinaga, la ville frontière, et je décide de tenter l'auto-stop.

Le stop, ce n'est déjà pas toujours évident, mais quand aucune voiture ne passe, ça l'est encore moins. Enfin, au bout d'un quart d'heure, je vois avancer lentement vers moi une voiture assez déglinguée, tous feux éteints. J'hésite à lever le pouce, mais je n'ai même pas à faire cet effort. La voiture s'arrête à ma hauteur et sans même descendre de son véhicule, un type à la mine patibulaire me demande mes papiers. Il y a deux ou trois autres cow-boys comme lui dans la bagnole. Même s'ils sont en civil, je présume que ce sont des flics. Quoi qu'il en soit, je ne suis pas en position de refuser de leur montrer mon passeport. Le type l'examine. C'est sans doute la première fois qu'il voit un passeport français. À part moi, qu'est-ce qu'un touriste pourrait bien aller foutre en pleine nuit à Alpine ? Il me demande où je vais. Je lui explique que j'essaie d'aller au Mexique. Même si son visage que je distingue à peine reste totalement impassible, je devine sa perplexité. Un Français, avec un nom espagnol, qui fait du stop en pleine nuit pour quitter les États-Unis et passer au Mexique. Visiblement, je ne corresponds pas vraiment au profil de ses clients habituels, et le trafic se fait plutôt dans l'autre sens.

Il me rend mon passeport. Comme il ne sait pas quoi dire, il ne dit rien, et la voiture repart. Au moins, je ne passerai pas le reste de la nuit dans une cellule. Mais ma situation est-elle vraiment plus enviable ? Dix minutes se passent encore avant que se profile une autre voiture. J'aurai peut-être plus de chance. En fait non, car c'est exactement le même scénario qui se reproduit. Je raconte à nouveau mon invraisemblable histoire, et le type me rend mes papiers. Mais je comprends vite qu'il est inutile de rester au bord de cette route à cette heure, où seules des voitures de police banalisées patrouillent. Je demande au cowboy s'il y a un bar ouvert en ville, car jusque là je n'en ai vu aucun. Il me dit que oui, et m'indique le chemin. J'y vais. Si je dois passer la nuit ici, autant que ce soit au chaud, car en plus je commence à me les geler.

Le bar est tout juste éclairé depuis l'extérieur. J'entre, et j'aperçois à l'intérieur une quinzaine de types comme ceux à qui je viens d'avoir affaire. Ils ont tous un Stetson sur la tête et un revolver à la ceinture. J'ai l'impression d'avoir poussé la porte d'un saloon. Lequel dégainera le premier ? Jusque là, des cowboys, je n'en avais vu que dans les soirées country à Austin, maintenant je sais où sont les vrais. D'ailleurs, je ne comprends toujours pas très bien qui sont ces gens. Flics en civil ? Miliciens bénévoles ? Ou simples fermiers du coin ? La question, c'est qu'est-ce qu'ils foutent tous là en pleine nuit dans ce bled totalement désert, à boire des coups au saloon quand ils ne patrouillent pas en ville ? Je ne pensais pas qu'à presque cent kilomètres de la frontière, la chasse au Mexicain était déjà ouverte, mais je ne vois pas d'autre explication.

Évidemment, mon entrée ne passe pas inaperçue. Tous les regards se tournent vers moi, et on me jauge avec un air suspicieux. Puis les cowboys continuent leurs conversations à voix basse. Je prends un café et j'attends que ça se passe. Avec tout ça, il est presque cinq heures, et le jour commence vaguement à poindre. Je décide de retenter ma chance avec le stop. Qu'est-ce que je pourrais bien faire d'autre ? Le bar est à côté d'une station d'essence. Je me dis que c'est le bon endroit pour faire du stop. Aux États-Unis, c'est quand on n'a même pas de voiture qu'on est vraiment un SDF, et en levant le pouce, c'est comme si je tendais la main. Mais la chance, cette fois, semble être avec moi. J'ai à peine levé le bras qu'une voiture qui venait de faire le plein s'arrête à ma hauteur. Le conducteur me fait signe de monter. D'habitude il ne prend pas d'autostoppeur, mais il m'a vu au café, et ça l'a rassuré.

Je me demande quand même si ce n'est pas moi qui devrais avoir peur. Pour le moins d'avoir un accident. Le type est très vieux. Il tremblote. La boîte à gants déborde de boîtes de médocs, et le siège du passager en est couvert aussi. Il repousse un peu tout ça pour que je puisse m'asseoir, avant de s'enfiler avec son café quelques pilules supposées le ressusciter un peu. La bonne nouvelle c'est qu'il va jusqu'à la frontière. Il m'explique qu'il est représentant de commerce, et inévitablement, ce pauvre vieux bonhomme à bout de course, qui devrait déjà être à la retraite depuis une dizaine d'années, me fait penser à la pièce d'Arthur Miller *Mort d'un commis voyageur*. J'espère qu'il ne mourra pas au volant avant de m'avoir déposé à la frontière.

On arrivera finalement sans encombre, mais comme le type ne va pas au Mexique, je dois refaire du stop. Un pick-up mexicain s'arrête. Ils sont déjà plusieurs à l'avant. Le conducteur me fait signe de monter à l'arrière. C'est comme ça que je franchis le Rio Grande pour entrer au Mexique, assis sur le plateau d'un pick-up, sans qu'aucun douanier ne me demande quoi que ce soit. Dans l'autre sens, ça ne doit pas être aussi simple. Et de fait, en rentrant aux États-Unis, cette arrivée clandestine au Mexique me causera quelques soucis…

Chihuahua

J'arrive à Ojinaga en fin de matinée, et je reprends aussitôt un bus pour Chihuahua, capitale de l'État du même nom. Pourquoi Chihuahua, me direz-vous ? Sans doute suis-je à nouveau victime de mon démon de l'onomastique. De même qu'Alpine me faisait penser à une station helvétique, le nom de Chihuahua m'évoque non pas un petit clébard pour mémé, mais la quintessence de la mexicanité. Si je voulais éviter les hôtels de luxe et les plages paradisiaques de Cancún, c'est réussi, mais pour le reste Chihuahua ne présente aucun intérêt touristique et, à l'exception de sa cathédrale, c'est une ville aussi moderne qu'Austin, en beaucoup plus déglinguée.

Surtout, à peine descendu du bus, en plein jour et en plein centre-ville, je suis pris pour la première fois d'un étrange sentiment d'insécurité. Une insécurité que je n'avais pas éprouvée en pleine nuit dans les rues désertes d'Alpine, seulement quadrillées par une milice armée. Je comprends vite que ce malaise a pour cause le fait d'être l'objet de tous les regards. Petit, brun, bronzé, mal rasé et mal fringué, comprenant parfaitement l'espagnol et le parlant correctement, je m'étais dit bêtement qu'au Mexique, je passerais plus ou moins inaperçu et que je pourrais me fondre dans la masse, plus encore qu'aux États-Unis. Je me trompais. Dans les rues de Chihuahua, je me sens comme un Blanc perdu dans un souk au fin fond de l'Afrique, dont il suffit de voir le visage blafard pour comprendre qu'il n'est pas du continent, ou comme une blonde qui se promènerait en minijupe sur un marché à Kaboul.

Pas un Mexicain ou une Mexicaine qui ne se retourne sur moi en me donnant du gringo. Moi qui aux États-Unis avais le sentiment d'être un alien, il aura suffi que j'arrive au Mexique pour devenir Américain. A priori, aucune agressivité particulière n'est liée à ce vocable de gringo, mais plutôt une curiosité amusée avec un brin de convoitise. Bref, j'ai la désagréable impression d'être une cible. Voire une proie. Où que j'aille en ville, on saura où je suis, et on me suivra peut-être, en attendant l'occasion propice pour me dépouiller, ou pire encore. C'est en tout cas le film que je me fais, et ce film n'est clairement pas une comédie romantique. Si je descends seul dans un hôtel ordinaire, comme j'avais prévu de le faire, je sens que cette première nuit au Mexique va être la plus longue de ma vie, en espérant que ce ne soit pas aussi la dernière. La seule spécialité touristique connue dans le Nord du Mexique, c'est l'enlèvement contre rançon. Et qui pourrait bien verser une rançon pour obtenir ma libération ? Je pense donc opportun de revenir provisoirement sur la promesse que je m'étais faite de vivre au Mexique comme le Mexicain basané de la chanson de Marcel Amont. J'ai passé la nuit précédente à errer dans Alpine, j'ai besoin de me poser un peu, de prendre une douche et de dormir dans un endroit sûr. Je monte dans un taxi, et je demande au chauffeur de m'amener jusqu'au meilleur établissement de la ville. Il obtempère, et me dépose devant un hôtel qui a l'air à peu près correct, bien que ce ne soit sans doute pas le meilleur.

Même si je suis un gringo, je ne dois pas avoir le look de quelqu'un qui descend dans les palaces. C'est juste une tour en verre avec une réception à l'entrée. Assez pour espérer que personne ne pourra pénétrer dans ma chambre sans y avoir été invité. Enfin, je peux poser mon sac, et prendre ma première douche depuis deux jours. Il fait nuit maintenant et je regarde par la fenêtre de mon vingtième étage les lumières blafardes de Chihuahua. Comment en suis-je arrivé là ? Je n'ai rien à faire ici. Je n'y connais personne. Et je n'ai aucun espoir d'y faire la moindre rencontre. Je suis au bout du monde et au bout de la solitude, là où j'espérais me rencontrer moi-même, sans doute. Mais la solitude, c'est comme l'apnée, à un moment il faut remonter à la surface si on ne veut pas finir noyé. Demain dès l'aube, à l'heure où blanchissent les dollars de la coke dans le Nord du Mexique, je partirai. Moi personne ne m'attend nulle part, même pas dans un cimetière. Sauf la mort, peut-être...

EL CHEPE

Après le stop et le bus, ne m'étant toujours pas résigné à prendre l'avion, je décide de quitter Chihuahua en train pour rejoindre la côte pacifique la plus proche, à Los Mochis. Comme d'habitude, pour déterminer mon itinéraire, je consulte uniquement la carte, et je ne me réfère à aucun guide, pas même celui du *Routard*. Par définition, un vrai routard ne saurait laisser un guide lui imposer sa route, c'est à lui seul de faire son chemin en marchant et, comme Don Quichotte, d'inventer des merveilles plutôt que de se contenter d'un réel simplement pittoresque.

Cette fois, le hasard fait cependant bien les choses, car si Los Mochis ne présente pas plus d'intérêt touristique que Chihuahua, je découvre en arrivant à la gare que le train qui relie ces deux villes est un train de légende surnommé El Chepe, d'après les lettres initiales de Chihuahua et du Pacifique. Depuis Chihuahua, située à près de 2500 mètres au-dessus du niveau de l'océan, la ligne ferroviaire plonge comme un long toboggan de 600 kilomètres vers le Pacifique, en passant sur de multiples ponts vertigineux et à travers autant de tunnels aussi obscurs qu'interminables. Bref, El Chepe, c'est un mélange entre le petit train de la mythique publicité Nescafé, qui rendit populaire La Colegiada, et le train fantôme.

À bord se trouvent donc quelques courageux touristes amateurs de sensations fortes et désireux de s'éloigner des sentiers battus. À côté de moi est assis un Canadien, beaucoup plus routard que moi, mais qui a néanmoins le mérite d'être étranger lui aussi, et potentiellement à la recherche de compagnons de route. On discute un peu. Pendant la moitié de l'année, il fait des petits boulots au Canada, et le reste du temps il voyage en Amérique Latine. On décide de prendre une chambre ensemble à Los Mochis, à la fois pour partager les frais et pour limiter les risques. Car cette fois, pas question de descendre dans un hôtel étoilé.

Après mon aventure avec Charles, j'aurais dû réfléchir à deux fois avant d'accepter de partager ma chambre avec un inconnu, mais comme aucune jeune femme dans ce train ne semble disposée à me tenir compagnie, je n'ai pas le choix si je ne veux pas passer une soirée de plus tout seul.

Arrivé à Los Mochis, qui comme prévu ne ressemble à rien, nous prenons une chambre pour deux dans un hôtel à peu près propre, mais de très modeste catégorie. Nous sommes logés au rez-de-chaussée, à côté des cuisines. Ça ne me ravit pas, mais c'est finalement ce qui me sauvera. Car le danger, cette fois, ne viendra pas des ardeurs de mon compagnon de chambrée. Au beau milieu de la nuit, nous sommes réveillés par des cris et nous apercevons de la fumée. À la hâte, nous sortons de la chambre dans la cour et je vois des flammes sortir des étages supérieurs. Au troisième, une femme hurle à la fenêtre, hésitant entre se jeter dans le vide et griller sur place.

Des pompiers ne tardent pas à arriver, mais leur intervention n'est pas franchement décisive. Ils ont à la main un tuyau d'arrosage trop court dont le jet ne parvient même pas jusqu'aux fenêtres du premier. Deux d'entre eux se décident à emprunter l'escalier, et ils redescendent quelques minutes plus tard avec un corps inerte sur une civière. Je ne sais pas si c'est la femme qui hurlait à la fenêtre, si elle a survécu ou pas, et s'il y a d'autres victimes. Quoi qu'il en soit, je commence à me demander si je ne devrais pas lever un peu le pied sur l'aventure si je veux revenir vivant de ce voyage au Mexique.

Je décide de rallier Mexico au plus vite, en espérant que mon ancienne élève de l'École de Sémiotique de Paris voudra bien m'accueillir. Arrivé à Mexico, je l'appelle, et elle m'invite aussitôt à prendre un taxi pour me rendre chez elle où elle propose de m'héberger. Par la vitre du taxi, j'ai le temps d'apercevoir quelques quartiers complètement rasés, nombre de bâtiments en ruines, et d'immenses cathédrales dont les clochers penchent comme la Tour de Pise. Mexico a souffert l'année précédente d'un très sévère tremblement de terre. Décidément, j'ai de la chance.

Beatriz, c'est son nom, habite chez sa tante, qui se trouve occuper un poste très important au Ministère de l'Éducation. Elle n'est pas tout à fait ministre, mais elle a une équipe d'une vingtaine de personnes sous ses ordres, tous spécialistes en sciences de l'éducation. C'est une femme cultivée et attentionnée, bien que dotée d'un caractère très affirmé et d'une grande autorité. Apparemment, Beatriz m'a présenté comme un des plus proches assistants de Greimas, et donc comme un grand connaisseur de la sémiotique. Passionnée de culture européenne, sa tante me demande aimablement de faire une intervention devant tous les membres de son équipe, afin qu'ils puissent bénéficier des lumières d'un maître venu directement de Paris en passant par le Texas. Je suis son hôte, je ne peux pas refuser.

C'est un chauffeur qui nous emmène le surlendemain au Ministère. Beatriz et sa tante en profitent pour me montrer les fresques de Diego Ribera qui ornent l'intérieur de ce bâtiment monumental, fresques que personne n'a l'occasion de voir à part ceux qui ont le privilège de travailler là. J'arrive dans la salle de conférence. Une vingtaine d'hommes et de femmes sont assis en face de moi, prêts à recevoir ma parole comme les fidèles le Saint-Sacrement. Je n'étais déjà pas très à l'aise pour parler de sémiotique devant quelques étudiants dans le cadre de mon atelier rue Monsieur-le-Prince, voilà que je dois le faire maintenant en espagnol dans un ministère à Mexico. Ils m'écoutent religieusement, me posent quelques questions assez pertinentes, ils m'applaudissent à la fin, et nous repartons. Et dire que si j'avais grillé comme une sardine dans mon hôtel à Los Mochis quelques jours plutôt, ces pauvres gens n'auraient jamais eu le privilège de m'entendre, et seraient morts dans l'ignorance...

Mon voyage se poursuivra encore pendant deux semaines. Ensuite, j'ai prévu pour rentrer à Austin de prendre l'avion. Je me dis que ce sera plus sûr. C'est pourtant à la douane pour revenir aux États-Unis que j'aurai la plus grande frayeur de mon voyage. Quand j'ai franchi par la route la frontière mexicaine depuis le Texas, assis dans la benne d'un pick-up, j'étais apparemment dans une zone franche, la véritable frontière se trouvant beaucoup plus loin. Aucun douanier n'a donc apposé de tampon sur mon passeport. Le douanier texan me fait remarquer avec un air suspicieux qu'il n'y a aucune trace officielle de mon départ du territoire des États-Unis, sur lequel je prétends à présent pénétrer à nouveau. Je ne suis pas sûr de tout comprendre mais en gros, si je ne suis pas parti, comment pourrais-je revenir ?

Je m'appelle Martinez. Au Mexique, personne ne me prenait pour un Mexicain, mais je lis dans son regard qu'il me soupçonne d'être un clandestin. Je me vois déjà refoulé à l'entrée des États-Unis, et renvoyé dans mon pays d'origine, la France, alors que je suis à moins de 300 kilomètres d'Austin. Cela finira par s'arranger, et c'est avec un certain soulagement que je retrouverai l'université, mes collègues et mes étudiants.

TROISIÈME SEMESTRE

À Austin, l'année universitaire s'achève en mai. Ou plutôt le deuxième semestre, car en réalité, l'université ne ferme jamais tout à fait, et il y a un semestre d'été. Comment douter encore de la grandeur de l'Amérique alors que ces gens arrivent à caser trois semestres dans une année ? Pendant l'été, toutefois, l'université tourne au ralenti. Ce troisième semestre est surtout destiné aux étudiants qui auraient des matières à rattraper, parce qu'ils ont échoué aux examens ou parce qu'ils n'ont pas pu les passer tous par manque de temps. Certains, en effet, doivent travailler pour payer leurs études, et ils profitent de l'été pour compléter leur cursus.

Pour moi, ce mois de mai devrait marquer la fin de mon séjour à Austin. Je n'ai de contrat et de visa que pour un an. Apparemment, pour l'instant, tout le monde semble content de moi. Chaque enseignant a droit une fois par an à une inspection dans sa classe par le professeur américain chargé de l'encadrement des lecteurs. A priori, rien de traumatisant. Nous sommes prévenus à l'avance, et le professeur en question, que nous connaissons tous, est d'une grande bienveillance. Mais tout de même. Jusque là, aucun témoin extérieur n'a jamais assisté à un de mes cours. Et si on se rendait compte tout à coup de mon incompétence ?

Pour ne pas mettre mes étudiants mal à l'aise, et pour ne pas avoir l'air de leur demander la faveur d'un comportement exemplaire, je ne les ai pas prévenus. En arrivant en classe, cependant, et en voyant s'asseoir tout au fond un type en cravate qui pourrait être leur père, et dont je feins d'ignorer l'existence, ils voient bien qu'il se passe quelque chose d'inhabituel. Ils doivent aussi sentir que je suis un peu plus nerveux que d'habitude. Comme ils m'adorent et qu'ils sont extrêmement bien élevés, je les sens tout à coup aussi nerveux que moi. Ils sont encore plus attentifs qu'à l'ordinaire, ils évitent tout bavardage ou toute plaisanterie. Bref ils sont sages comme des images, et s'efforcent de se comporter en élèves-modèles.

Pour montrer qu'elle participe activement au cours, l'une de mes étudiantes se hasarde même à poser une question, en anglais, bien sûr. Cette intervention n'est absolument pas destinée à me mettre en défaut, mais au contraire à me valoriser. Le problème, comme souvent, c'est que je ne comprends rien à la question. Je la fais répéter mais, tétanisé par la présence de mon inspecteur, je ne comprends toujours pas. La fille est tout aussi embarrassée que moi. Elle pensait me rendre service, et me voilà planté là, tel un comédien victime d'un trou de mémoire au beau milieu d'un spectacle.

Elle tente de retirer sa question. Trop tard. Mon inspecteur vient gentiment à mon secours en me donnant la traduction afin que je puisse répondre.

Mais évidemment, je suis mort de honte. Mes étudiants n'ouvriront plus la bouche jusqu'à la fin du cours. L'inspecteur parti, ils viendront me voir aussitôt pour me demander qui était ce type. La fille s'excuse de m'avoir mis bien involontairement dans l'embarras. Plus tard, l'inspecteur, sans mentionner cet incident, me couvrira d'éloges, surtout pour la qualité exceptionnelle de la relation que j'entretiens avec mes étudiants. S'il savait qu'il m'arrive de fumer des joints avec eux après la classe…

À la fin de chaque semestre, les étudiants, pour leur part, ont le devoir d'évaluer leurs enseignants de façon anonyme, en leur attribuant une note, assortie d'un commentaire libre. Là encore, les propos sont très sympathiques à mon égard, voire tellement dithyrambiques que cela en devient suspect. Je suis donc apprécié à la fois par ma hiérarchie et par mes élèves. Le Directeur du Département constitue déjà son équipe de lecteurs pour la rentrée, et il me propose de rempiler. Je n'ai pas l'impression d'être allé au bout de mon expérience aux États-Unis. J'accepte la proposition.

J'ai presque trois mois de vacances devant moi, et je décide de rentrer en Europe. Non pas que la France me manque vraiment, mais pour garder un minimum de contact avec mes proches, pour ne pas couper tous les ponts avec ma vie d'avant, et assurer mes arrières au cas où.

Et puis quelqu'un m'attend à Rijeka en Croatie. J'ai rencontré Nada deux mois avant de partir aux États-Unis, et elle est venue me voir quelques jours à Paris juste avant mon départ pour Austin. Elle était prête à me suivre jusqu'au bout du monde, mais je ne pouvais pas l'emmener. Cette première traversée de l'Atlantique, c'était pour moi un saut dans l'inconnu, pour ne pas dire un saut dans le vide. Et on ne saute pas dans le vide en tenant quelqu'un par la main.

À Paris, elle ouvrait de grands yeux émerveillés et s'étonnait de tout, mais à l'évidence, cette jeune fille élevée dans la Yougoslavie de Tito, et qui n'avait jamais quitté son pays avant de me connaître, n'était pas armée pour survivre dans le monde capitaliste, sauf à dépendre entièrement de moi. Quant à m'accompagner aux États-Unis… Je ne savais déjà pas comment j'allais me débrouiller tout seul, comment aurais-je pu m'occuper aussi d'une étudiante aux Beaux-Arts de Rijeka, ne parlant pas un mot de français, et dont l'anglais était encore plus mauvais que le mien ? De toute façon, n'ayant pas de contrat de travail, elle n'aurait jamais pu obtenir autre chose qu'un visa de tourisme pour quelques mois.

Et puis pour être parfaitement sincère, je partais en Amérique pour vivre une grande aventure. Et les grandes aventures se vivent rarement en couple. Néanmoins, même si je n'avais pas fait vœu de chasteté, et que des aventures, justement, j'en avais eu plusieurs pendant cette année plutôt intense, je restais fidèle à ma parole. Notre histoire ne pouvait pas finir avant d'avoir vraiment commencé. Et tout simplement j'avais envie de la voir, elle qui incarnait si bien la douceur dans ce monde de brutes. Je décidais de passer ce troisième semestre avec elle. Même si, comme chacun sait, les troisièmes semestres, c'est comme la Quatrième Dimension, ça n'existe qu'aux États-Unis.

Je reviens à Rijeka au début de l'été, après avoir découvert l'Amérique. Nada n'a pas bougé de sa ville natale, et elle n'a pas changé. C'est moi qui ai changé. Nos différences sont encore plus évidentes qu'un an auparavant. Elles s'avéreront de plus en plus difficiles à concilier. J'étais déjà un homme de l'Ouest, je reviens en cowboy dans cette charmante petite ville de la toujours communiste Yougoslavie. Pour avoir l'autorisation de dormir avec elle chez ses parents, je dois non seulement avoir l'approbation de son père, mais aussi celle du Parti Communiste. En d'autres termes, je dois indiquer chaque jour à la police locale chez qui je suis hébergé. On préférerait, j'imagine, que j'aille dépenser mes devises à l'hôtel en payant le prix fort réservé aux touristes. À moins qu'on ne me soupçonne d'être un espion chargé de fournir à l'OTAN des renseignements sur les chantiers navals tout proches.

Nada et moi dormons dans le même lit, mais nous ne vivons pas dans le même monde. J'ai dans la tête tous les souvenirs de cette année pendant laquelle j'ai expérimenté tant de choses nouvelles. Sans elle. Qu'à cela ne tienne, je lui ferai découvrir le monde, en tout cas une partie, en le découvrant avec elle. Elle ne connaît pratiquement que la Croatie, et encore. J'ai déjà conscience que ce sera le seul voyage que nous ferons ensemble. Je veux qu'on s'en souvienne tous les deux, pour toujours.

Pour la première fois de ma vie, j'ai devant moi à la fois de l'argent, du temps, et une liberté totale. Elle est prête à me suivre. Reste à convaincre ses parents, qui à juste titre sont un peu inquiets de la voir partir avec un étranger. Mon premier dîner chez eux est mémorable. Ce sont de braves gens et ils se montrent hospitaliers, mais son père, surtout, me regarde avec suspicion. Il a travaillé toute sa vie sur les chantiers navals, il n'a rien connu d'autre que la Yougoslavie de Tito. Alors évidemment, pour lui, je ne suis pas le gendre idéal. Et s'il savait qu'en plus je n'ai pas le projet de devenir son gendre…

Ni le père ni la mère ne parlent un seul mot d'anglais, la conversation est donc difficile. Nada sert un peu d'interprète, mais quoi qu'il en soit, son père est un homme de peu de mots. Il me regarde. Je soutiens son regard. Je le respecte, et je crois que c'est réciproque.

Il faut croire que je ne leur fais pas trop mauvaise impression, car le lendemain, ces parents pourtant très attentifs laissent leur fille partir avec un inconnu pour un long périple qui nous conduira à travers toute la Yougoslavie jusqu'au Sud de l'Europe et au-delà jusqu'aux portes du Soudan. Malgré tout, en nous voyant partir, sa mère écrase une larme, se demandant si elle reverra sa fille un jour. Elle a raison, nous aurions pu ne jamais revenir, car nous entreprenons un voyage hasardeux.

Comme d'habitude, je n'ai défini ni calendrier ni itinéraire, et je ne sais pas jusqu'où nous irons. Chaque matin nous nous lèverons sans savoir où nous dormirons le soir. Faut-il qu'elle m'aime, qu'elle me fasse confiance ou qu'elle soit totalement folle pour me suivre aveuglément dans une telle aventure ? Elle qui depuis son enfance n'a connu que la petite vie bien réglée de toute jeune fille dans un pays communiste relativement prospère comme la Yougoslavie, ne manquant de rien et sachant se passer du superflu.

D'ailleurs, tous les jeunes de son âge paraissent plus ou moins heureux. Ils vivent dans une bulle très protectrice, sans perspective d'avenir mirobolant mais sans crainte du futur. Je me permets d'émettre quelques doutes. C'est très bien, mais que feront-ils quand tout ça va s'effondrer ? Nada ne comprend pas ma question. C'est comme ça. Ça a toujours été comme ça. Et ça ne changera jamais. Deux ans après, ce sera la chute du mur de Berlin, et deux années plus tard la Yougoslavie n'existera plus. Mais pour l'instant, nous allons la traverser une dernière fois.

Ce qu'on appelle encore la Yougoslavie c'est, sur une superficie moindre que celle de l'Italie, un patchwork de cultures européennes et orientales les plus diverses. Parcourir la Yougoslavie, c'est en quelques kilomètres passer de l'Occident à l'Orient, des églises aux mosquées, de la Grèce Antique à l'Empire Ottoman, des stations balnéaires pour Allemands aux campagnes moyenâgeuses, de la Mercedes à la voiture à cheval. C'est donc aussi un voyage dans le temps et dans l'histoire. C'est un territoire d'une incroyable richesse, diversité et complexité, qu'il est beaucoup plus intéressant d'appréhender en voyageant en train ou en bus qu'en se contentant de le survoler en avion pour aller visiter la très touristique Dubrovnik.

De l'italienne Istrie à la grecque Macédoine, en passant par l'austro-hongroise Serbie, nous arrivons finalement au Kosovo qui ressemble à la Turquie, et nous poursuivrons le lendemain jusqu'à la frontière albanaise, à Ohrid d'où l'on peut apercevoir de l'autre côté du lac la mystérieuse Albanie encore stalinienne. Pendant ce périple, Nada découvre avec moi son propre pays, qui dans deux ans ne sera plus le pays de personne. Pour l'heure, nous pensons faire étape à Prizren, où bien entendu nous n'avons réservé aucune chambre.

Dans les rues de la ville, nous croisons un bossu, qui se propose aussitôt d'être notre guide. Il faut dire qu'avec Nada, je ne passe pas inaperçu, surtout au Kosovo. Il paraît que les filles de Rijeka sont réputées pour leur beauté. Enfin, c'est une fille de Rijeka qui me l'a dit, ce jugement est peut-être un peu subjectif. Quoi qu'il en soit, la blondeur cendrée et la silhouette élégante de ma compagne de voyage attirent les regards.

Le bossu nous invite à passer la nuit chez lui, tout en nous racontant qu'il doit partir de bonne heure le lendemain matin pour un tournoi de ping-pong. C'est selon ses dires un champion dans cette discipline. Nada, toujours enthousiaste et souvent un peu naïve, est partante. Je suis un peu sur la défensive, mais j'accepte. J'avais raison de me méfier, car la soirée va prendre une tournure plutôt inhabituelle…

FREAKS

Dans quatre ans, le Kosovo sera à feu et à sang. Pour l'heure, le voyageur de passage à Prizren ne ressent aucune tension particulière. Loin de l'agitation de l'Ouest, cette grosse ville située à quelques kilomètres de l'Albanie, sans grands attraits touristiques, semble oubliée par cette histoire qui va bientôt la rattraper. Peu de gens dans les rues, presque pas de voitures. Les carrioles à cheval qui circulent dans le centre-ville ne sont pas là pour promener les touristes, mais tout simplement pour permettre aux habitants de se déplacer et de transporter leurs marchandises.

En chemin, notre bossu mentionne malgré tout les conflits inter-communautaires, et dénonce ceux qui les attisent. Nous n'y prêtons guère attention. C'est tellement difficile d'imaginer la guerre en temps de paix. Il nous reçoit chez lui et improvise une petite soirée en notre honneur. Quelques-uns de ses amis nous rejoignent. Malgré son handicap, il paraît jouir d'une certaine influence sur le petit cercle qui l'entoure. Peut-être parce qu'il a un peu plus de moyens qu'eux, et un peu plus d'expérience. Ou parce que c'est le plus malin de la bande.

Arrive une jeune fille plutôt jolie, qu'il nous présente comme sa petite amie. À première vue, ce couple improbable, c'est un peu la Belle et la Bête. Mais nous découvrons aussitôt que la Belle est sourde-muette. Elle est albanaise, elle est très jeune, et elle semble vivre sous la dépendance totale de son protecteur. Quoi qu'il en soit, s'il ne m'est déjà pas facile de communiquer avec les autres sans l'aide de Nada pour assurer la traduction, je ne peux absolument pas échanger avec elle. Seul notre hôte semble comprendre les quelques sons étranges qu'elle émet accompagnés de signes.

La soirée se prolonge. On mange, on boit, on écoute de la musique. Alors que la plupart sont déjà partis, au prétexte de lui montrer je ne sais quoi, le bossu entraîne Nada dans la pièce d'à-côté avec l'Albanaise. Elle revient un instant après, avec un sourire énigmatique. Je l'interroge. Elle m'explique que notre hôte vient de lui proposer une partie carrée avec sa petite amie. Même si j'étais déjà sur mes gardes, je suis évidemment un peu surpris. Et raisonnablement inquiet. Il est plus de minuit, nous n'avons pas d'autre option que de passer la nuit ici. Dans quelle merdier me suis-je encore fourré ? J'ai l'impression d'être dans un film de Fellini ou dans le *Freaks* de Tod Browning. Il m'est bien sûr arrivé précédemment d'avoir à gérer ce genre de situations délicates, mais là je voyage avec une jeune femme dont je me sens aussi responsable, et qui n'a pas l'air de comprendre que si notre hôte se faisait plus insistant, la situation pourrait vite déraper. L'échangisme, moi, je n'ai rien contre sur le principe. Mais je ne m'imagine pas expérimenter pour la première fois la chose avec le Bossu de Notre-Dame et une Esmeralda probablement mineure et en tout cas sourde-muette. Nous déclinons la proposition. Mais la nuit s'annonce longue…

OUM KALSOUM

Ayant finalement réussi à échapper à cette partie carrée avec un bossu et une sourde-muette, nous quittons le Kosovo pour rejoindre Istamboul, puis Athènes. Avec ce voyage en train et en bus, nous remontons le temps. J'ai quitté le Nouveau Monde quelques semaines plus tôt pour renouer avec la vieille Europe. En quittant Paris, je laisse derrière moi la modernité, et en Yougoslavie, nous traversons un pays au bord de l'éclatement et un monde communiste à bout de souffle qui appartient déjà à l'Histoire. À Istamboul nous sommes aux sources de l'Empire Ottoman, et à Athènes aux sources de la civilisation européenne. Il ne nous reste plus qu'à remonter jusqu'aux sources de la civilisation tout court, en remontant le cours du Nil. Pour ne pas rompre le charme, je préférerais rejoindre l'Égypte depuis Athènes en bateau. Mais il n'y a pas de liaison directe. Je me résigne à prendre l'avion pour le Caire.

Dès l'arrivée à l'aéroport, on prend clairement conscience, à travers tous ses sens, qu'on a changé de continent. Un monde inconnu, excitant mais potentiellement dangereux, s'ouvre devant nous. Il est déjà tard, et bien entendu nous ne savons même pas où nous allons dormir. Je hèle un taxi et je lui demande de nous déposer dans un hôtel en ville. Évidemment, le chauffeur a un cousin qui tient l'hôtel le plus confortable, le mieux situé et le meilleur marché du Caire. Un cousin avec lequel on suppose qu'il est en affaires à la commission.

Il y a de la musique arabe à la radio. Nada, intriguée, me demande si je connais cette chanteuse. Comme je n'en connais qu'une, pour l'impressionner, je lui réponds comme si c'était une évidence et que je me moquais gentiment de son ignorance : mais c'est Oum Kalsoum ! *Le Caire nid d'espions* ne sortira qu'une vingtaine d'années plus tard, mais je cultive déjà mon style OSS 117. Si elle m'avait posé la même question à propos d'un air d'opéra, je lui aurais répondu la Callas.

J'avais une chance sur deux, et j'ai de la chance. C'est bien la diva égyptienne, et je viens de me faire un copain. Le chauffeur est aux anges. Vous connaissez Oum Kalsoum ? Histoire de pousser encore un peu mon avantage, je lui réponds que bien sûr, tout le monde la connaît et l'admire. Apparemment, ce n'est pas le cas de tous les Occidentaux qu'il transporte dans son taxi, car nous passons soudain du statut de simples touristes à celui d'amis du peuple égyptien. Du coup, au lieu de nous amener à l'hôtel de son présumé cousin, il nous propose de venir prendre le thé chez lui pour nous présenter toute sa famille et nous montrer sa collection de disques. Je décline aimablement cette invitation. Il n'y a pas un quart d'heure que nous sommes arrivés en Afrique, on va peut-être attendre un peu avant de sortir des chemins battus pour leur préférer les chemins de traverse.

L'hôtel est correct. Il donne sur un cimetière qui a des allures de bidonville, à moins que ce ne soit l'inverse. J'apprendrai plus tard que les plus pauvres des Égyptiens n'ont pas d'autres choix que de vivre avec les morts. Nous entendons l'appel du muezzine. Oui, décidément, nous sommes ailleurs.

Le lendemain nous visitons Le Caire au pas de charge. Le tourisme, c'est toujours un peu une perte de temps. Moins encore qu'au Kosovo, nous ne passons inaperçus. Surtout Nada. Pour les Égyptiens, sa blondeur et sa blancheur représentent le summum de l'exotisme occidental. Heureusement sa beauté n'est pas de celle qui attire les commentaires grivois. Les femmes comme les hommes se retournent sur nous en gloussant. J'imagine qu'ils nous voient un peu comme des albinos. Cette fois, les freaks, c'est nous. À moins qu'ils nous prennent pour des stars de cinéma, puisque des gens aussi blancs, ils n'en voient que dans les films.

À la banque, pour changer de l'argent, on nous offre le thé. Et on nous invitera même à un mariage à Alexandrie simplement parce que nous passons devant la porte du restaurant à ce moment-là. La sympathie pour les étrangers a cependant ses limites. À Alexandrie, justement, on refusera de nous donner une chambre dans un hôtel un peu à cheval sur les principes de l'Islam parce que nous ne sommes pas mariés.

Après Alexandrie, mon projet est de descendre le Nil aussi loin que possible. Cependant, en regardant la carte pour décider de notre prochaine étape, un nom attire mon regard : Ismaïlia. À quinze ans, je dévorais les romans de Pierre Benoît. *Lunegarde* et son exotisme de pacotille me reviennent soudain à l'esprit. Nous ferons le détour par Ismaïlia, sur le Canal de Suez. Une ville qui, malgré son nom romanesque, ne présente absolument aucun intérêt, et dont il n'est même pas sûr que Pierre Benoît y ait jamais mis les pieds. Combien de détours aurais-je fait dans ma vie pour comprendre enfin que la fiction dépasse toujours la réalité ?

OBÉLISQUE

Je ne me vois pas descendre le Nil sur un de ces bateaux de croisière pour touristes bedonnants, avec restaurant et piscine, et faire escale uniquement pour visiter des ruines avec un guide pendant deux heures, avant de remonter à bord retrouver le buffet à volonté et le jacuzzi à bulles. C'est donc en train que nous entreprenons ce voyage.

En arrivant sur le quai, je regrette un instant mon choix. Dans les premiers wagons que nous apercevons, des têtes dépassent de toutes les fenêtres ouvertes pour chercher un peu d'air, et des grappes de voyageurs s'entassent déjà sur les marchepieds faute de pouvoir pénétrer à l'intérieur des wagons bondés. J'ai beau avoir le goût de l'aventure et le souci de voyager avec les gens du peuple, pas question d'entreprendre un trajet de plusieurs centaines de kilomètres dans ces conditions.

Heureusement, au guichet, voyant que nous étions étrangers, l'employé nous a d'office vendu des billets d'une sorte de première classe, et en remontant le quai, nous finissons par arriver à des wagons raisonnablement pleins, où nous attendent des places numérotées. Rien de particulièrement luxueux, mais un confort tout à fait acceptable. Nos compagnons de voyage, des familles égyptiennes appartenant à la classe moyenne, sont charmants, et nous arrivons sans encombre à Louxor.

Les sites archéologiques ne m'ont jamais vraiment passionné, mais tout de même. Contrairement aux empereurs romains, les pharaons ont eu le bon goût de ne pas envahir toute l'Europe en nous imposant leur culture et leur architecture. En arrivant à Louxor, on a vraiment l'impression d'être ailleurs, et pas de visiter la maison-mère comme à Rome ou à Athènes.

Je ne connais l'Égypte que par *Les Cigares du Pharaon*, et par les nombreux souvenirs que Napoléon a rapportés de là-bas pour décorer Paris. Voir à l'entrée du temple de Louxor, sur la gauche, cet obélisque esseulé, dont le jumeau de droite trône au beau milieu de la Place de la Concorde, donne une certaine idée de ce que peut être le colonialisme, et de la façon dont il est ressenti par ceux qui en sont les victimes.

Nous poursuivons notre voyage jusqu'à Assouan et décidons de pousser jusqu'à Abou Simbel, afin de voir ce fameux temple déplacé par l'UNESCO pour éviter qu'il ne soit englouti par les eaux du barrage construit sur le Nil par Nasser. Le Soudan n'est qu'à quelques kilomètres, et nous entreprenons une ultime excursion aux confins de l'Égypte. Je ne suis jamais allé en Afrique noire, mais je sens qu'elle commence là.

C'est peu dire que nous faisons tache parmi la population locale. Un Soudanais croisé sur un chemin nous invite à prendre le thé chez lui. Par politesse, nous ne pouvons pas refuser. Sa maison est en terre battue avec un toit en paille, remplie d'hommes et de femmes de tous âges et de très jeunes enfants. Les femmes nous servent du thé et des gâteaux. Tous nous sourient sans que nous puissions échanger avec eux un seul mot. Nous comprenons qu'ils veulent nous inviter à manger et pourquoi pas à dormir chez eux. Nous sommes tiraillés entre la volonté de ne pas les froisser, l'embarras de les priver, en acceptant cette invitation, de leurs pauvres moyens de subsistance, et la certitude d'être malades si nous mangeons une seule bouchée de cette nourriture conservée à l'air libre par plus de quarante degrés et couverte de mouches.

Je suis totalement démuni devant cette hospitalité que

je ne comprends pas. J'ai honte. Honte de mon dégoût déguisé en scrupule. Honte que des gens si généreux puissent vivre dans une telle indigence pendant que nous vivons dans une telle opulence. C'est par décence que je n'ai pas voulu venir jusqu'ici en avion ou en bateau de croisière. Par décence encore que je m'efforce de vivre dans une frugalité très relative, qui pour eux ne change rien, mais qui me permet d'avoir un peu moins mauvaise conscience.

Nous touchons le fond de cette plongée aux sources de notre civilisation et de notre histoire. Les descendants des pharaons vivent désormais en servitude, nous sommes indirectement leurs seigneurs, et ce sont eux malgré tout qui nous offrent le peu qu'on leur a laissé.

Nous entamons par palier notre remontée à la surface. Impossible cependant de se priver d'un voyage sur le Nil. Puisque je refuse d'embarquer sur un bateau de croisière, il ne reste plus que les felouques. Habituellement, leurs propriétaires les proposent seulement aux touristes pour une promenade d'une heure ou deux. Je négocie avec l'un d'eux pour qu'il nous conduise depuis Assouan jusqu'à Kôm Ombo, à une cinquantaine de kilomètres. Il hésite, car l'aller lui prendra toute la journée et le retour toute la nuit. Nous faisons finalement affaire. Cette traversée sur le Nil en felouque est un enchantement. Ce fleuve majestueux traverse un désert, en ne laissant derrière lui qu'une étroite bande de terres fertiles. Depuis le matin jusqu'au soir nous expérimentons au plus près de l'eau toutes les couleurs que nous offre le soleil. Je comprends pourquoi les Égyptiens ont choisi d'en faire un Dieu, plutôt qu'un type cloué sur deux planches.

La nuit tombe quand la felouque nous dépose sur le rivage, au pied du temple de Kôm Ombo, où il n'y a pas âme qui vive à cette heure tardive. Pendant quelques instants magiques, nous sommes transportés dans l'Égypte de Ramsès II, dans un roman de Pierre Benoît ou dans une bande dessinée d'Hergé. Il nous faudra marcher une heure pour trouver une route, et attendre une heure encore avant de voir passer la première camionnette, dont le chauffeur acceptera très gentiment de nous prendre à son bord pour nous ramener à Louxor où nous pourrons reprendre le train. C'est la fin du voyage. Il restera à jamais gravé dans nos mémoires…

ROISSY

Ma deuxième année en tant que lecteur de français à l'Université d'Austin sera aussi la dernière. Bien sûr, il serait tentant de rester. Ici, à court terme, tout est plus facile, plus excitant, plus intense. Après tout ce temps passé dans une ville du Texas qui, malgré tout, est loin d'être aussi mythique que New York ou San Francisco, j'ai toujours l'impression de vivre dans un film dont j'ai la liberté d'écrire le scénario chaque jour.

Mon bref passage à Paris entre ces deux années scolaires aux États-Unis m'a rappelé que dès mon retour en France, je redeviendrai un anonyme dans la foule sur lequel personne ne se retourne, et dont le sort n'intéresse personne. Je peux récupérer mon studio que j'ai sous-loué, mais pendant combien de temps pourrai-je en payer le loyer ? Je n'ai plus de boulot, et même si je le pouvais, je n'ai aucune envie de redevenir chargé d'études à Ipsos ou ailleurs, ce qui pour moi correspondrait à un terrible retour à la case départ.

Ici j'ai un travail agréable qui me laisse beaucoup de temps dans la semaine pour sortir, et encore plus de temps pendant les vacances pour voyager. Mon contrat sera reconduit d'année en année autant que je le souhaiterai, et autant que le Directeur du Département de Français le voudra bien. J'ai encore beaucoup de choses à découvrir. J'ai pour amis toute la communauté française. Et je viens même pour la première fois de nouer une relation amoureuse qui pourrait durer avec une jeune Américaine.

Mais je crains plus que tout l'enlisement. Je suis à nouveau à la croisée des chemins et je dois choisir une route. Si je veux faire ma vie aux États-Unis, je devrai repasser des diplômes dans une université américaine, et de préférence me marier pour obtenir la fameuse Carte Verte. Des études, j'en ai déjà fait beaucoup, et je ne me vois pas tout reprendre à zéro dans une langue qui n'est pas la mienne et que je maîtrise toujours extrêmement mal après ces deux années en vase clos dans un Département où tout le monde parle ma langue maternelle.

La plupart des Français que je vois autour de moi sont de passage, pour un an ou deux maximum. Ceux qui n'ont pas eu le courage de repartir, et qui ont trouvé le moyen de rester, m'apparaissent comme totalement déracinés. S'installer en Espagne ou en Allemagne, c'est juste s'éloigner un peu de la France, où l'on peut revenir en une heure d'avion, en cinq heures de train ou en dix heures de voiture. Faire sa vie aux États-Unis c'est renier son identité pour en prendre une autre. Mais laquelle ? Je ne comprends toujours rien à ce pays.

Dans cette ville universitaire ou plutôt dans cette université faite ville, presque tout le monde a moins de vingt-cinq ans, et les aura toujours. Ce ne seront simplement pas les mêmes. Vieillir ici serait vite pathétique. Cette vie de rêve est par définition déconnectée de toute réalité. Mieux vaut-il vivre un songe agréable ou affronter la dure vérité des choses ? Je n'ai aucun avenir, dans ce pays. Aucun devenir surtout.

Je choisis le retour. Je sais que ça va être difficile et douloureux, mais je suis certain que c'est la bonne décision. Je jouissais en France d'une certaine reconnaissance en tant que sémiologue. Ici, je ne suis que le petit Frenchy de service. Je ne suis qu'un lecteur parmi d'autres. Et si je peux vivre de nombreuses aventures, elles sont sans lendemain. Il faut que j'accomplisse mon destin, et mon destin, ce n'est pas de finir comme un éternel touriste aux États-Unis, avec la perspective de devenir bientôt un touriste dans mon propre pays. Ce séjour au Texas aura été une parenthèse enchantée. Il est temps pour moi de m'inventer un destin.

Le Gaffiot

À Paris, j'ai retrouvé mon studio de la rue Daguerre, mais je n'ai plus de boulot et donc plus de revenus. Les quelques dollars que je rapporte du Texas pourront me permettre de tenir quelques mois, en vivant très modestement. En revanche, n'ayant pas travaillé en France depuis plus de deux ans, je ne suis plus inscrit à la Sécurité Sociale. Comme j'ai démissionné de mon poste à Ipsos avant de partir en Amérique, je ne peux pas non plus prétendre à des indemnités de chômage et à la couverture sociale qui va avec.

Pour l'administration française, ces deux années aux États-Unis n'existent pas. À moins de redevenir très rapidement salarié, je suis en passe de devenir un marginal. Je vis désormais dans l'angoisse d'un problème de santé imprévu entraînant des frais importants qui ne seraient pas pris en charge.

Du travail, pourtant, je n'en cherche pas dans l'immédiat. À trente-trois ans, toutes expériences cumulées, je n'ai pas travaillé plus de trois ans comme salarié dans un bureau, et jamais très longtemps dans la même entreprise. J'ai bien l'intention de ne plus jamais avoir à le faire et, même si je ne sais pas encore comment, j'y parviendrai. Il me faudra cependant recommencer à gagner ma vie, et je suis prêt à accepter des missions en free-lance comme sémiologue publicitaire, pourvu que je puisse faire ce travail chez moi et qu'on ne me demande pas d'aller pointer tous les matins dans un bureau, de devoir bavarder avec des collègues à la machine à café, d'obéir à un patron et de servir des clients. Je vis le monde de l'entreprise comme un univers carcéral. Aux États-Unis, j'ai fait l'expérience de la liberté, et je n'y renoncerai jamais.

Le retour dans la grisaille et l'anonymat parisien est évidemment un peu déprimant. Ici, je ne connais plus grand monde. Mais me lever chaque matin en sachant que je peux faire de ma journée ce que je veux est un luxe qui n'a pas de prix. J'ai plus que jamais soif d'apprendre et de rencontrer. Et quel meilleur endroit pour cela, encore et toujours, que l'université ?

Même si à mon grand regret, aux États-Unis, je n'ai pas aussi bien appris l'anglais que je l'aurais souhaité, j'ai quand même fait quelques progrès. J'éprouve le besoin de structurer un peu la connaissance toute pragmatique que j'ai de cette langue, et d'aborder aussi la littérature anglo-saxonne en version originale. Je me réinscris à la Sorbonne pour réitérer en anglais la prouesse que j'ai déjà accomplie quelques années plutôt en espagnol.

Cette fois, j'intègre directement la troisième année et, juste revanche de mon humiliant échec au TOEFL deux ans auparavant, j'obtiendrai en neuf mois une licence avec mention très bien. Évidemment, mon approche des études est très différente de celle des autres élèves, principalement des filles par ailleurs. Elles sont là pour obtenir un diplôme en se contentant de recracher le jour de l'examen des cours parfois pris sous la dictée. J'assiste seulement aux cours qui m'intéressent, je ne prends aucune note, et je dévore tous les bouquins de la bibliothèque où je suis très assidu.

Pour avoir le temps de remonter la pente, car je pars de très bas, j'ai renoncé au contrôle continu et tout misé sur l'examen final. Quelle jouissance de pouvoir lire tous les chefs d'œuvres de la littérature anglaise et américaine dans la langue où ils ont été écrits ! Comme je n'assiste qu'aux cours les plus passionnants, je ne m'ennuie pas une seule seconde. Pour ce qui est des autres cours, je regarde vaguement le programme, mais je ne demande jamais à mes camarades de me passer leurs notes. Je me contente de lire tout ce qui existe sur le sujet.

Au-delà de ces satisfactions purement intellectuelles, la Sorbonne est aussi le lieu idéal pour rencontrer des filles. J'ai une dizaine d'années de plus qu'elles maintenant. Assez pour que cela se voit, mais pas suffisamment pour risquer de passer dans l'immédiat pour un pervers. Je rencontre beaucoup de monde, et j'ai quelques nouvelles aventures, toujours sans grand lendemain.

Ma licence d'anglais en poche, je ne sais toujours pas quoi faire de ma vie, et comment échapper durablement au salariat. J'ai repris quelques missions en free-lance, mais je ne veux pas réintégrer une entreprise. Pourquoi pas l'enseignement ? Après mon expérience idyllique à l'Université d'Austin, j'ai du mal à m'imaginer devant une classe dans un lycée de banlieue. Ce sera l'agrégation ou rien. Je m'inscris en préparation pour l'agrégation de lettres modernes à la Sorbonne.

Finalement, ce ne sera rien. Je me rends tout de suite compte que cette prépa n'est qu'un effroyable bachotage. Les cours sont désespérément inintéressants. Nos prétendus maîtres à penser sonnent creux. Les aspirants professeurs font déjà allégeance au système en se montrant totalement soumis. On s'efforce de nous prouver combien les génies que nous étudions sont incompréhensibles et inégalables, au lieu de nous encourager à les imiter à notre façon. On en fait des divinités à adorer au lieu d'en faire des modèles à ne pas suivre. C'est pourquoi l'école produit autant de professeurs et si peu d'écrivains. Tant d'esclaves et si peu d'affranchis. Bref, la méthode que j'ai appliquée pour obtenir mes licences d'espagnol et d'anglais ne peut pas fonctionner cette fois. Il faut prendre les cours en note mot pour mot et les apprendre par cœur, même s'il s'agit d'un tissu d'âneries, afin de pouvoir les restituer servilement le jour du concours. Tout cela donne du monde de l'enseignement une image tellement vaine, triste et liberticide. Toute ma vie est une quête de la liberté, et notamment de la liberté de penser. Plutôt crever que d'être professeur, même agrégé, et avoir pour mission d'enseigner à mes élèves la servitude.

Pour aller au bout de ma démarche, je passerai néanmoins les épreuves écrites. Ma meilleure note sera en latin. Un sept sur vingt, je crois, qui correspond à la moyenne générale pour l'admissibilité à l'oral. Dire qu'on m'a fait arrêter le latin en cinquième parce que je n'étais pas assez bon élève, et que j'ai passé le concours sans le *Gaffiot* auquel nous avions droit, et dans lequel figurait la traduction de deux ou trois phrases de la version sur laquelle nous avions à plancher…

Je ne serai donc pas enseignant. Mais que vais-je bien pouvoir faire de ma vie ? Une idée commence à germer en moi. Faire ce que l'école et la société se sont appliquées à m'interdire depuis mon enfance : écrire ma vie.

RENDEZ-VOUS

J'ai dans les trente-cinq ans. Je ne suis pas encore vieux, mais je sens qu'une année de plus à l'université serait l'année de trop. Depuis plus de dix ans, mes conquêtes féminines ont toujours le même âge, autour de vingt-cinq ans. C'est moi qui vieillis. Lors d'un voyage en Espagne, j'ai clairement entendu quelqu'un se demander si la personne qui m'accompagnait était ma copine ou ma fille. Un avertissement à ne pas négliger. Je suis resté dans l'âme un adolescent, et ce qui me pousse à fréquenter encore le monde étudiant plutôt que les gens de mon âge, qui ont déjà un travail et une famille, voire qui sont déjà divorcés, c'est que la jeunesse est le temps de tous les possibles. Choisir un partenaire, choisir un métier, choisir un lieu et une manière de vivre… Passé trente ans, la plupart ont déjà choisi, pour le meilleur ou pour le pire. Et d'une façon ou d'une autre, choisir, c'est restreindre sa liberté.

Cependant, j'ai bien conscience, dans le domaine amoureux en tout cas, de reproduire à l'infini des schémas d'échecs qui me rendront de plus en plus malheureux, sans exclure bientôt le pathétique. Pour tenter d'en sortir, je décide d'entreprendre une analyse. La psychanalyse m'a toujours intéressé. À douze ans, je lisais déjà Freud. Mais entre lire des bouquins à ce sujet allongé sur un divan, et allonger le sujet sur un divan pour l'offrir en lecture, il y a un monde. Ce n'est pas en apprenant le code qu'on sait conduire, ni en apprenant les codes qu'on sait comment se conduire.

L'expérience sera relativement brève, intense et difficile. Elle s'arrêtera le jour où je demanderai à mon analyste si je peux vraiment tout lui dire, et qu'elle me répondra en termes choisis que non. Alors à quoi bon ? Cette expérience, néanmoins, m'a fait progresser. J'ai désormais bien conscience que je m'évertue à tomber amoureux de jeunes femmes qui ne sont visiblement pas faites pour moi, soit qu'elles habitent dans un autre pays voire à l'autre bout du monde, soit qu'elles sont par trop différentes de moi et en aucun point complémentaires, soit qu'elles sont encore plus immatures que moi si c'est possible, soit qu'elles ne m'aiment tout simplement pas et que ce rejet même exacerbe mon désir.

Je ne peux cependant pas me résigner à une relation basée uniquement sur la raison, sachant qu'elle serait aussi sans lendemain, et je veux garder l'espoir d'une rencontre aussi fortuite que romantique, mais cette fois inscrite dans le réel plus que dans le fantasme, et en cela s'ouvrant sur un possible avenir.

La fin de l'année approche. Ce sera aussi ma dernière année à la Sorbonne. À la bibliothèque, je croise une étudiante d'origine allemande que je connais à peine. Je sais juste qu'elle est mariée avec un Égyptien. De façon totalement inattendue, elle m'invite à la soirée de réveillon qu'elle organise dans le modeste deux pièces qu'ils habitent à Paris, du côté de la Bastille. Elle me précise qu'il y aura très peu de monde. Sa sœur. Quelques amis. Ce n'est évidemment pas une proposition galante. Elle est mariée, et de toute façon, ce n'est pas du tout mon genre. J'hésite un instant. Je ne connaîtrai personne. Je risque de m'emmerder. Et en acceptant, je me prive de toute autre possible proposition plus intéressante pour cette soirée de Nouvel An. D'un autre côté, si je refuse, je risque surtout de passer la soirée tout seul, ou de me retrouver dans les habituels traquenards dont j'ai l'habitude en ce genre de circonstances. Et puis cette invitation visiblement désintéressée m'intrigue et me touche. Je ne sais pas très bien si elle m'invite parce qu'elle m'estime ou parce qu'elle a pitié de moi. Quoi qu'il en soit, il y a quelque chose de très bienveillant, chez cette fille. De très sain. De très simple. Comme une évidence. J'accepte. Sans le savoir, j'ai rendez-vous avec mon destin.

Lorsque je sonnerai à sa porte quelques jours plus tard avec une bouteille à la main, ce n'est pas elle qui m'ouvrira. Ni sa sœur. Mais la femme que je cherche sans la trouver depuis toujours. La femme qui sera désormais toutes les femmes, même s'il m'arrivera de me retourner sur quelques autres, en me contentant désormais de les regarder. Je n'aurai finalement pas eu à faire le deuil de ma quête romantique. Elle a moins de vingt-cinq ans, comme toutes les autres, mais désormais c'est ensemble que nous grandirons. Et c'est elle qui, en me ramenant à la réalité, me permettra de réaliser mes rêves au lieu de simplement les rêver.

Et si j'avais décliné cette invitation ? Et si c'était elle qui l'avait déclinée ? Il n'y a pas de hasards, que des rendez-vous. Ce soir là, j'avais rendez-vous avec la femme de ma vie.

Quand je la quitte, quelques heures après, c'est une nouvelle année qui commence. Une nouvelle vie peut-être. C'est moi qui lui donne mon numéro. Je lui laisse prendre seule la décision de nous revoir ou pas. Je la laisse me choisir. Elle m'appellera, et nous nous reverrons. Tout est simple avec elle, et tout semble évident. Mais c'est maintenant à moi de décider. Choisir une femme entre toutes les femmes. Accepter d'être choisi par elle. Je sais que si je m'engage sur cette route, il n'y aura pas de retour en arrière, et que je laisserai pour toujours de côté toutes les autres routes. J'ai conscience d'être à un carrefour de ma vie. Prendre le bon chemin, en évitant les impasses. Ma chance est là et si je la laisse passer, il n'y en aura peut-être jamais d'autre.

J'ai quatorze ans de plus qu'elle, j'habite dans un studio en location, je n'ai pour tout meuble qu'une malle en osier, et toutes mes affaires tiennent dans les deux sacs que j'ai emportés aux États-Unis avant de les rapporter en France : un sac de vêtements et un sac de livres. Je ne travaille pas vraiment. Je ne suis même plus étudiant. Je prends des cours de théâtre. Elle termine ses études à Science Po, dans quelques mois elle aura un vrai boulot en CDI. Je n'ai pas vraiment le profil du mari idéal. Mais elle a confiance en moi, et cela me donne des ailes.

Je tombe sur une petite annonce dans *Télérama*, moi qui ne fais jamais les annonces et surtout pas pour trouver du boulot. Les Éditions Harlequin cherchent des traducteurs de l'anglais au français pour leurs romans à l'eau de rose. Je passe la sélection, et ma candidature est retenue. Je traduirai une douzaine de ces romans de gare. C'est davantage un travail d'adaptation que de traduction. Il faut réduire la pagination d'au moins un tiers, et se conformer au goût français. C'est un apprentissage et surtout, c'est la première fois de ma vie que je gagne un peu d'argent en écrivant. Je me dis que c'est possible.

Quelques mois plus tard, je revois une fille que j'ai rencontrée en fac d'anglais. Depuis, elle a fait la Fémis, et elle vient d'être engagée par une maison de production pour diriger l'écriture d'une série pour la jeunesse, *Extrême Limite*. Elle me propose de m'essayer à l'écriture de scénario. Comme je n'ai jamais fait ça de ma vie, j'accepte aussitôt. De toute façon, il n'y a alors aucune école d'écriture de scénario en France. Pour une fois, je suis tout aussi légitime que n'importe qui d'autre. L'expérience semble concluante. Me voilà scénariste pour la télévision. J'enchaîne sur l'écriture d'autres séries pour la jeunesse, toujours au format 26 minutes. D'autres maisons de production me sollicitent. Pour du dessin animé, aussi. Je commence à gagner vraiment ma vie en écrivant.

C'est le temps des projets. J'ai presque quarante ans, mais je n'ai jamais vécu en couple avec personne. Malgré notre différence d'âge, nous vivons ensemble nos premières fois. Maison, mariage, enfant. Tout ce que je n'ai pas fait jusque là, je le fais en deux ans.

J'apprends alors qu'une école de scénario vient d'être créée à Paris, le Conservatoire Européen d'Écriture Audiovisuelle. Trop tard pour passer le concours d'entrée pour cette première année. Je serai de la deuxième promo. J'y apprends le métier que je pratique déjà. Comme à mon habitude. Et j'y noue des contacts à la fois professionnels et amicaux. J'ai pour maîtres les créateurs de toutes les grandes séries françaises de la télévision de l'époque : *Navarro, L'Instit, Julie Lescaut, Docteur Sylvestre…*

Un camarade et ami vient d'être engagé sur la direction d'écriture d'une nouvelle série, *Avocats et Associés*, et il me propose d'intégrer le pool de scénaristes. J'entre dans la cour des grands : le format 52 minutes pour adultes et le prime time. Je gagne maintenant en écrivant plus d'argent que je n'en ai jamais gagné en tant que salarié ou free-lance.

La société de conseil qui m'employait régulièrement comme sémiologue publicitaire vient d'être revendue et n'a plus besoin de mes services. C'est l'occasion pour moi d'arrêter complètement ce métier dont j'ai fait le tour pour me consacrer uniquement à l'écriture. À nouveau les projets s'enchaînent. Mais l'univers de la télévision, comme celui de Dallas, est impitoyable. Nous sommes les mercenaires d'une armée mexicaine dont les innombrables généraux sont le plus souvent incompétents. C'est encore trop de contraintes pour moi. Je veux être totalement libre, et je sais donc que je ne travaillerai pas tout ma vie pour la télévision.

Je commence à écrire des pièces de théâtre. Après avoir vainement essayé de les faire éditer, je décide de créer mon propre site et de les proposer en téléchargement libre. C'est le début d'internet. Je me précipite dans cet espace de liberté en m'adressant directement aux compagnies, sans passer par les éditeurs. Et ça marche. Les premiers montages arrivent. Cela m'encourage à continuer.

La fin d'*Avocats et Associés* me décide à arrêter la télévision. Je continue encore un an à enseigner l'écriture de scénario dans l'école qui m'a formé. Mais je me consacre désormais uniquement au théâtre. Je traduis mes pièces en espagnol, d'autres se chargent de les traduire en portugais, en anglais, en allemand et en bien d'autres langues. Grâce à internet, mes textes circulent dans le monde entier.

Me voilà auteur de théâtre, internationalement reconnu. Je n'ai plus de comptes à rendre à personne. Je vis de mon écriture et, au jour le jour, j'écris ma vie…

Finalement, c'est mon père qui avait raison. Je n'étais bon à rien. Enfin presque. Dès mon plus jeune âge, j'avais rêvé d'être écrivain. Il m'aura fallu plus de quarante ans pour admettre que j'étais définitivement inapte à tout autre travail que celui d'écrire, quelques années de plus pour m'autoriser à en faire mon métier, et deux ou trois encore pour constater que je pouvais en vivre.

La vie est un voyage. Ce qui nous définira à la fin, c'est notre parcours. Les routes que nous avons prises, et surtout celles que nous avons refusé de prendre. Bientôt la mer effacera sur le sable les traces que nous laissons derrière nous, comme des lignes sur un manuscrit. À ceux qui viendront après, léguons seulement l'envie de cheminer librement.

Du même auteur

Pièces de théâtre

À cœurs ouverts, Alban et Ève, Amour propre et argent sale, Apéro tragique à Beaucon-les-deux-Châteaux, Appellations D'origines Non contrôlées, Après nous le déluge, Attention fragile, Avis de passage, Bed & Breakfast, Bienvenue à bord, Le Bistrot du Hasard, Le Bocal, Brèves de confinement, Brèves de Brèves de square, Brèves de trottoirs, Brèves du temps perdu, Brèves du temps qui passe, Bureaux et dépendances, Café des sports, Cartes sur table, Comme un poisson dans l'air, Le Comptoir, Les Copains d'avant... et leurs copines, Le Coucou, Comme un téléfilm de Noël en pire, Coup de foudre à Casteljarnac, Crash Zone, Crise et châtiment, De toutes les couleurs, Déjà vu, Des beaux-parents presque parfaits, Des valises sous les yeux, Dessous de table, Diagnostic réservé, Drôles d'histoires, Du pastaga dans le champagne, Échecs aux Rois, Elle et lui, monologue interactif, Erreur des pompes funèbres en votre faveur, Euro Star, Fake news de comptoir, Flagrant délire, Gay Friendly, Le Gendre idéal, Happy Dogs, Happy Hour, Héritages à tous les étages, Hors-jeux interdits, Il était un petit navire, Il était une fois dans le web, Juste un instant avant la fin du monde, La Corde, La Fenêtre d'en face, Les Flamants bleus, La Maison de nos rêves, Le Contrat, Le Joker, Mélimélodrames, Ménage à trois, Même pas mort, Minute papillon, Miracle au couvent de Sainte Marie-Jeanne, Mortelle Saint-Sylvestre, Morts de rire, Les Naufragés du Costa Mucho, Nos pires amis, Photo de famille, Piège à cons, Pile ou face, Le Pire Village de France, Le Plus beau village de France, Plagiat, Pour de vrai et pour de rire, Préhistoires grotesques, Préliminaires, Primeurs, Quarantaine, Quatre étoiles, Les Rebelles, Rencontre sur un quai de gare, La Représentation n'est pas annulée, Réveillon à la morgue, Réveillon au poste, Revers de décors, Roulette russe au Kremlin, Sans fleur ni couronne, Sens interdit – sans interdit, Spécial dédicace, Strip Poker, Sur un plateau, Les Touristes, Tout est bien qui finit mal, Trop c'est trop, Trous de mémoire, Tueurs à gags, Un boulevard sans issue, Un bref instant d'éternité, Un cercueil pour deux, Un enterrement de vies de mariés, Un os dans les dahlias, Un mariage sur deux, Un petit meurtre sans conséquence, Un petit pas pour une femme, un pas de géant pour l'Humanité, Une soirée d'enfer, Vendredi 13, Y a-t-il un auteur dans la salle ? Y a-t-il un critique dans la salle ?, Y a-t-il un pilote dans la salle ?

Roman court
Happy Dogs

Nouvelles
Vous m'en direz des nouvelles

Poésie
Rimes orphelines

Essai
Écrire une comédie pour le théâtre

Adaptation française
L'Étoffe des merveilles (d'après Cervantès)

Septembre 2020